学前教育 新形态教材

幼儿园班级管理

主　编　尹　波

副主编　李旭光　廖德意　罗菊珍　陈世军　潘仙江

编　委　陈晓雪　罗　芸　唐玲龙　胡红梅　罗　鑫
王灵慧　龙仕琴

西南大学出版社

国家一级出版社　全国百佳图书出版单位

图书在版编目（CIP）数据

幼儿园班级管理 / 尹波主编. -- 重庆 : 西南大学出版社, 2024. 6. -- ISBN 978-7-5697-2494-3

Ⅰ. G617

中国国家版本馆CIP数据核字第2024HP6815号

幼儿园班级管理

YOU'ERYUAN BANJI GUANLI

主　编　尹　波

总 策 划：杨　毅　曾　文
执行策划：熊家艳　尹清强
责任编辑：熊家艳
责任校对：周明琼　路兰香
装帧设计：魏显锋
排　　版：瞿　勤
出版发行：西南大学出版社（原西南师范大学出版社）
　　　　地　　址：重庆市北碚区天生路2号
　　　　邮　　编：400715
　　　　电　　话：023-68868624
印　　刷：重庆紫石东南印务有限公司
成品尺寸：185 mm×260 mm
印　　张：15.5
字　　数：294千字
版　　次：2024年6月 第1版
印　　次：2024年6月 第1次印刷
书　　号：ISBN 978-7-5697-2494-3
定　　价：59.80元

序

学前教育是终身教育的开端，关系亿万儿童的健康成长、千家万户的切身利益、国家和民族的未来。百年大计，教育为本；教育大计，教师为本。促进学前教育健康发展，关键在于建设一支高素质的幼儿园教师队伍。2018年中共中央、国务院出台的《关于全面深化新时代教师队伍建设改革的意见》指出："教师承担着传播知识、传播思想、传播真理的历史使命，肩负着塑造灵魂、塑造生命、塑造人的时代重任，是教育发展的第一资源，是国家富强、民族振兴、人民幸福的重要基石。"

培养高素质的幼儿园教师，加强课程和教师队伍建设是基础。2019年国务院印发的《国家职业教育改革实施方案》提出了完善国家职业教育制度体系、构建职业教育国家标准、建设多元办学格局等一系列的任务。其中，教材是育人之纲，是改革的基础，是教师实施教学改革的重要载体和有效途径。教育部等九部门印发的《职业教育提质培优行动计划（2020—2023年）》强调，实施职业教育"三教"改革攻坚任务，要完善职业教育教材规划、编写、审核、选用使用、评价监督机制。2021年教育部办公厅印发的《"十四五"职业教育规划教材建设实施方案》强调教材建设的权威性、前沿性、原创性，要打造培根铸魂、启智增慧、适应时代要求的精品教材。当前，学前教师教育教材虽然品种丰富，但是随着国家政策的调整、职业教育理念的变化及学科的飞速发展，在一定程度上存在理念落后、体系陈旧等问题。例如，以学科为中心的理论教材过剩，传统纸质教材过剩，多媒体融合的新形态教材缺少，等等。在此背景下，我们设立课题组，组织学前师范院校的知名专家学者、中高职院校一线教师、幼儿园园长及一线教师编写了这套学前教育专业"中高协同"融通教材。从总体上来看，这套教材有如下特点：

一是坚持立德树人，强化课程思政。

本系列教材的编写坚持立德树人根本任务，厚植爱国情怀，以铸就师德师魂，培养适应新时代社会发展需要的卓越幼儿园教师为目标。教材内容的选择充分体现了社会主义核心价值观，突出了学前教育在国民教育中的基础性作用。

二是全面研究设计，系统规划建设。

从研制人才培养方案着手，研究确定了人才培养要求、专业课程设置和课程标准，以及配套的课程教学资源与课程试题库、幼儿园教师资格考试试题库。

三是做实产教融合载体。

党的二十大报告指出："教育、科技、人才是全面建设社会主义现代化国家的基础性、战略性支撑。"教材内容融合了《幼儿园教育指导纲要（试行）》、幼儿园教育活动基本理论以及幼儿教师教育教学活动的实践经验，切实增强教育教学的适应性，落实产教融合。

四是实用性好、可操作性强。

本系列教材以幼儿园教育活动基本理论为基础，面向幼儿园教育活动实践，提供了大量教育活动设计的案例及评析，强调实用性及可操作性。

五是混合式教学。

本系列教材除课堂教学设计丰富以外，还加入了微课视频资源，以二维码的形式呈现在相应的知识点旁，增强了教材的趣味性，有助于学生直观、深刻地理解学习内容，更便于教师开展信息化教学，符合当前教育教学创新改革的要求。

本套教材的编写汇集了全国范围内学前教育领域的多位专家、学者、一线名师等，编写者们不辞辛苦，反复研讨，精心打磨。尽管如此，本书仍然存在一些不足，学术上的追求永无止境，我们将不懈努力，不断修正、充实与完善相关内容。我们衷心希望这一课程思政背景下的中高协同系列教材的问世，能够为当前转型期幼儿保育专业及学前教育专业的相关院校课程改革与教学工作助力，为我国幼儿保育、学前教育人才队伍建设做出应有的贡献。

前言

根据《国家职业教育改革实施方案》《职业院校教材管理办法》《幼儿园教育指导纲要(试行)》等要求,本教材编写团队在开展学前教育专业课程教学和一线幼儿园班级管理的基础上,旨在以问题导入、过程导向和案例分析的方式编写内容,力求服务学前教育专业课程改革,满足学前教育教学实践的需求。

"学校无小事,处处是教育;教师无小节,处处是楷模。"班级管理是幼儿园教师的日常工作,考验教师的综合素质与能力。根据《幼儿园教师专业标准(试行)》,本教材在教学内容编写上,通过项目+任务、理论+实践、案例+思考的形式,让学习者轻松掌握幼儿园班级管理的知识与技能,提升其幼儿园突发事件处理和幼儿园班级管理的能力与水平,以期培养"有理想信念,有道德情操,有扎实学识,有仁爱之心"的"四有"好老师,助力职业院校学前教育专业学生及幼儿园一线教师走上专业化、职业化、专家化道路。

全书分为九个项目,主要包括幼儿园中的班级管理、幼儿园班级环境创设、幼儿园班级一日常规、幼儿园保教管理、幼儿园安全管理、幼儿园班级教师、幼儿园家庭共育、幼儿园班级管理、乡村幼儿园,共计二十六个任务,囊括了幼儿园班级管理中的所有工作内容。尹波负责本书整体框架结构设计、统稿工作及项目三、四、五的编写,廖德意负责编写项目一、二,罗菊珍负责编写项目六、七、九,李旭光负责编写项目八,其他编委负责提供教学案例、核稿等工作。

希望学前教育专业师生在学完本书后,能学有所获、学有所思、学有所悟、学有所长,在这里有三句话与读者共勉:

纸上得来终觉浅，绝知此事要躬行。——《冬夜读书示子聿》陆游

博学而笃志，切问而近思。——《论语·子张》

长风破浪会有时，直挂云帆济沧海——《行路难(其一)》李白

由于编者经验和能力有限，书中还存在疏忽或错漏之处，恳请各位同仁与读者批评指正，我们将在后续工作中不断完善提高。

编者

2024年5月

目录

CONTENTS

目录
CONTENTS

项目一

幼儿园中的班级管理

项目目标

知识目标

理解幼儿园班级管理的内涵、方法。

技能目标

能制订幼儿园班级学期工作计划、月计划、周计划及一日常规工作计划。

素质目标

树立正确的幼儿园班级管理理念,有从事幼儿教师职业的积极性。

学习重难点

学习重点

理解幼儿园班级管理的方法。

学习难点

制订幼儿园班级学期工作计划、月计划、周计划及一日常规工作计划。

思维导图

- 幼儿园中的班级管理
  - 班级管理概述
    - 幼儿园班级管理的内涵
    - 幼儿园班级管理的方法
  - 制订班级管理计划
    - 制订班级学期工作计划
    - 制订班级教学月计划
    - 制订班级教学周计划
    - 制订班级一日常规工作计划

任务一
班级管理概述

任务目标

1. 理解幼儿园班级管理的内涵。

2. 理解幼儿园班级管理中常见的几种方法。

任务准备

1. 物质准备:纸、笔。

2. 经验准备:到幼儿园见习,收集幼儿园教师班级管理案例。

工作表单

工作表单

收集整理与讨论

记录并分享你在见习中收集的幼儿园班级管理案例,说说案例中运用了哪种班级管理方法。

案例	案例记录	运用的班级管理方法
案例1		
案例2		
案例3		
……		

学习支持

一、幼儿园班级管理的内涵

从内容上看：幼儿园班级管理是班级教师通过计划、组织、实施、调整等环节，把幼儿园的人、财、事、物、时间、空间、信息等资源充分运用起来，以便达到预期的目的。从方法上看：幼儿园班级管理是班级教师通过提供恰当的教育环境，积极与幼儿进行沟通等方法，使幼儿得到最佳发展的管理活动。

微视频：《班级管理概述》

幼儿园班级管理的定义包括了以下四个方面：一是班级管理实施的主体是人，即幼儿教师；二是班级管理是通过计划、组织、实施、调整等环节来实施的；三是班级管理的对象是幼儿园的人、财、事、物、时间、空间、信息等；四是班级管理是有目的、有计划的活动，管理的最终目的是实现管理目标。

二、幼儿园班级管理的方法

（一）规则引导法

规则引导法是指用规则引导幼儿的行为，使其与集体活动的方向和要求保持一致或确保幼儿自身安全并不危及他人的一种管理方法。规则引导法是对幼儿最直接、最常用的管理方法。规则的建立是确保幼儿常规秩序、常规习惯建立的基础，幼儿只有遵守活动规则才能保证活动的顺利进行，如物归原位，喝水、集合排队有序等。

使用这一方法应注意以下几点：

（1）规则的内容要符合幼儿的成长需求，规则应适当、明确且简单易行。

（2）教师要提供给幼儿认识规则、学习规则的机会，使幼儿在活动中掌握规则。

（3）教师要以身作则，并保持规则的一致性。

（二）情感沟通法

情感沟通法是指通过激发和利用师生间、幼儿间及幼儿对环境的情感，以引发或影响幼儿行为的方法。在幼儿园班级管理中，教师对情感沟通法的应用，一方面能够促使幼儿对教师产生安全型依恋，激发幼儿积极情绪的表达，使其学会关爱，形成健康的情感态度；另一方面，在帮助教师有序控制班级活动各个环节的同时，能够保证教学活动的质量，使教师自身情绪饱满，快乐工作。

情感沟通法的基础是教师对幼儿的理解和爱，使用这一方法应注意以下几点：

(1)教师在日常生活和教育活动中，要了解幼儿的情感特点，观察幼儿的情感表现。

(2)教师要经常对幼儿进行情感表达的训练，帮助幼儿正确表达自己的情感。

(3)教师要保持和蔼可亲的个人形象，营造相亲相爱的班级氛围。

(三)榜样示范法

榜样示范法是指通过树立榜样引导幼儿学习榜样以规范自身行为，从而达到管理目的的方法。榜样可以是教师、同伴或是卡通形象等。只要这些人物在幼儿生活中实实在在地产生着影响，且行为是积极向上的，都可以作为幼儿学习的榜样。

使用这一方法应注意以下几点：

(1)榜样的选择要健康、形象、具体，教师要选择具有代表性的榜样。

(2)榜样的树立要公正、可靠、有权威性，在班集体中树立的榜样应该是教师和幼儿共同认可的，榜样的行为是值得褒奖的。

(3)对幼儿表现榜样行为的反应要及时、积极。当幼儿在学习、模仿良好的行为时，教师应及时、适当地给幼儿以表扬和鼓励，强化幼儿的积极行为；反之，教师要及时纠正幼儿的不当行为，提供有影响力的榜样。

(四)目标指引法

目标指引法是指教师以行为结果作为目标，引导幼儿的行为方向，规范幼儿行为方式的一种管理方法。从行为的预期结果出发，引导幼儿自觉识别行为正误是目标指引法的基本特点。如幼儿园运动会上，各个小组目标明确，分工合作，朝着团队共同的目标而努力。

使用这一方法应注意以下几点：

(1)目标要明确、具体。

(2)目标要切实可行，要具有吸引力。

(3)目标与行为的联系要清晰可见。

(4)要注意个人目标和团体目标，并注意将这两类目标相结合。

(五)说服教育法

说服教育法是指在班级管理过程中,通过讲解、谈话、讨论等方式向幼儿讲解一些简单的道理,帮助幼儿分清是非,辨别好坏,使幼儿具有正确的道德观念,并能用这些道德观念来指导自己行动的一种方法。说服教育的方式包括运用语言(如讲解、谈话、讨论、指导阅读)和事实(如参观、游览)进行说服教育。

使用这一方法应注意以下几点:

(1)要有针对性,说服教育必须先了解幼儿的情况,从幼儿的实际出发,结合幼儿的个性特征,针对要解决的问题,有的放矢地启发教育幼儿。

(2)要有感染力,选用的内容和表述的方式要力求生动、有趣,唤起幼儿情感上的共鸣,实现教育目的。

(3)把握教育时机,只有在恰当的时机开展恰当的说服教育才容易被幼儿所接受。

(4)注意教育民主,尊重幼儿,鼓励幼儿发表不同意见,通过讨论争辩,提高思想认识。

幼儿园班级管理是一门艺术,精心而又烦琐,班级教师要拥有管理者的意识,在每日的工作中学习、思考、总结、反思,灵活应用多种管理方法,努力胜任管理工作,提升管理智慧。

任务二 制订班级管理计划

任务目标

学习制订班级学期工作计划、月计划、周计划及一日常规工作计划。

任务准备

1. 物质准备：纸、笔。
2. 经验准备：收集小、中、大班幼儿园工作计划。

工作表单

工作表单 1

讨论与制作

参照幼儿园班级学期工作计划制订的相关要求，与小组成员共同修订收集的幼儿园班级学期工作计划并填入下表。

班级		教师姓名	
基本情况分析			
学期工作目标			
主要工作任务及措施			

工作表单2

讨论与制作

参照幼儿园班级月计划制订的相关要求，与小组成员共同修订收集的幼儿园班级月计划并填入下表。

班级		教师姓名	
幼儿情况分析			
本月工作重点			
主要工作任务及措施			

工作表单3

讨论与制作

参照幼儿园班级周计划制订的相关要求，与小组成员共同修订收集的幼儿园班级周计划并填入下表。

活动安排	星期一	星期二	星期三	星期四	星期五
晨间活动					
生活活动					
教育活动					
户外活动					
区域活动					
离园活动					

工作表单4

案例分析

结合幼儿园班级一日常规工作计划的相关要求，说一说以下安排是否合理。

活动安排	时间		
	小班	中班	大班
入园活动	8:00—8:10	7:50—8:00	7:40—7:50
区域活动	8:10—9:10	8:00—9:10	7:50—9:10
体能游戏	9:10—10:10	9:10—10:10	9:10—10:10
生活活动（餐点）	10:10—10:30	10:10—10:25	10:10—10:20
集体教育活动	10:30—10:50	10:25—10:50	10:20—10:50
午餐	10:50—11:30	10:50—11:30	10:50—11:30
生活活动（午睡）	11:30—13:40	11:30—13:40	11:30—13:40
生活活动（餐点）	13:40—14:00	13:40—14:00	13:40—14:00
户外游戏	14:00—15:00	14:00—15:05	14:00—15:10
生活活动（餐点）	15:00—15:30	15:05—15:35	15:10—15 40
离园活动	15:30—16:00	15:35—16:05	15:40—16:10

学习支持

一、制订班级学期工作计划

（一）什么是学期工作计划

学期工作计划，也称班级保教工作计划，是指结合本班幼儿的情况（包括幼儿人数，上学期情况分析，生活、学习态度、习惯等）制订本学期的工作重点和具体的工作措施、月份安排。学期工作计划是指导一个学期班级各项工作全面、有效开展的依据，除了班级情况、保教目标、各阶段的目标和措施外，班级学期工作计划中还可以包括家长工作、环境创设、游戏活动等内容，教师可以根据园所的要求和实际情况进行撰写。班级教师制订的学期工作计划要符合实际，具体安排应具有操作性，对实际工作应起到指导作用。

（二）制订学期工作计划的原则

（1）分析在前，目标在后。分析之前幼儿的发展状况、班级整体工作情况，熟悉本年龄段幼儿发展的目标要求。

（2）立足园所、班级实际的情况。

（3）年级组成员、班级组成员全员参与、充分沟通。

（三）制订学期工作计划的要点

1.现状分析

这一步首先要明确“为什么做”，这是制订学期工作计划的依据。磨刀不误砍柴工，在制订学期工作计划之前，首先要分析班级幼儿的现状，如幼儿各个方面的发展水平怎么样，优势是什么，不足有哪些，重点需要加强的方面是什么等。有全面、真实的幼儿发展现状，才能制订出切实可行的方案。如何进行现状分析？可以从三个方面进行：一是对照上学期的总结，分析幼儿上学期的发展；二是先对整体情况进行分析，再按领域或项目依次进行分析；三是为了保证分析的真实、准确，分析时要结合幼儿的年龄特点和教师以往的经验进行，要考虑整体又要兼顾个体。

2.制订学期工作目标

这一步是要明确“做什么”。根据现状分析，教师要制订整个学期的工作任务以及应该达到的工作目标。教师可以先定大的目标，再定具体的策略。制订学期工作目标时，教师要考虑每个领域的关键经验、幼儿的年龄及发展特点、本班幼儿的实际水平，从而确定班级本学期各项重点目标。教师在书写学期工作目标时，可以按领域或项目依次进行撰写。

3.明确具体措施

这一步是要明确“怎么做”。教师可以结合班级实际，以月份或内容为线索明确工作的方法和步骤，采取相应措施，保证目标的完成。具体措施是教师实现教育目标的手段、途径、形式，需要根据具体内容进行具体分析。如教师在培养幼儿对数的认知能力时，可以用集体教学、区域活动等方式，这部分内容教师可以不用详细地写进学期计划，而是在周计划或日计划中详细描述。为了使这部分内容更清晰，建议教师用表格的形式呈现。值得注意的是，教师应把握“措施”与“目标”之间的不完全对应性和关联性，即一个目标可能需要多种措施去实现，而一种措施可能会实现多个目标。

（四）制订班级学期工作计划的基本要素

①名称；②基本情况分析；③学期工作目标；④主要工作任务及措施；⑤主要活动安排。

二、制订班级教学月计划

（一）什么是月计划

月计划是学期计划的下位分解计划，是实现学期目标的实际步骤。它包括上个月情况分析、本月各领域的重点目标、主要活动措施及活动内容、环境创设要求、家长工作等要素。

月计划的制订是在总结上个月工作目标的执行情况以及幼儿发展情况的基础上，提出本月工作目标。月目标与学期目标之间要体现层次分解性，本月目标与上个月目标之间应体现渐进发展性；围绕月目标选择的教育内容应体现整体性、季节性、适量性，并制订与之相对应的措施。主题活动计划应包含在月计划的整体框架下，与月计划有机融为一体。

(二)制订月计划的步骤

1.分析上月情况

分析要体现针对性,主要针对上个月目标的达成情况及幼儿的发展情况进行分析。要从五大领域进行分析,保证客观、真实,既要分析优势,又要指出不足。

2.确定本月重点教育目标

把握关联性,依据学期目标中每个领域、每项工作的关键价值,幼儿上个月的发展状况以及本月的物质基础,对学期目标进行筛选、分解,确定本月目标。把握目标的适宜性,不宜过大或过于具体,应利于本月实现,有的可能直接是学期目标,有的可能为分解目标。按领域及项目依次进行目标制订,体现本月重点。

3.制订具体措施及内容

措施可以按领域来写。在内容上,为了便于指导月工作的开展,增强目的性,可以采用分领域书写的方式。

(三)制订班级教学月计划的基本要素

①项目名称;②幼儿情况分析;③本月工作重点;④五大领域的月目标;⑤主要工作任务及措施(包含教学内容、环境创设要求、家长工作等)。

三、制订班级教学周计划

(一)什么是周计划

周计划是一周之内全部教育活动及相关工作的具体方案,是当月工作计划中某些内容的具体化,是保证月教育目标顺利实现的必要条件,也是日教育目标与方案设计的依据。

周计划将月计划分解到各周逐次完成,进一步明确工作要求、内容、措施。制订周计划应将一般常规工作和重点工作有机结合起来,但教师要分清轻重缓急及主次,每周应有一两项重点工作。周计划要突出各类活动的安排,注意新旧内容量,五大领域及三大游戏之间的平衡,保证游戏活动和自由活动的时间。

(二)制订周计划的步骤

1.分析上周情况

分析要体现针对性,主要针对上周目标达成的情况及幼儿的发展情况进行分析。分析的内容要从五大领域进行分析,保证客观、真实,既要分析优势,又要指出不足。

2.确定本周主要目标

教师在对上周情况进行分析后,首先应给每个领域、每项工作确定一个方向,然后筛选活动内容,确定每个领域、每项工作的重点目标(注意是各领域的重点目标不仅仅指向集体教学活动),最后表述本周目标,表述时要适宜,切忌过于宽泛或过于具体。

3.制订具体的措施及内容

(1)晨间活动。

幼儿来园时间较短,晨间活动一般为幼儿自选活动,如看书、折纸、玩玩具、自由交谈等。幼儿来园到饭前集中时段,教师可以安排集中活动,如主题谈话、故事讲述、儿歌诵读、新闻讲述等活动。

(2)生活活动。

教师要关注幼儿在生活活动中的卫生习惯、自理能力等方面的问题,如喝水、进餐、穿脱衣服、值日生服务等。教师注意每周的工作计划要重点突出,针对幼儿最近最突出的问题,循序渐进地进行引导。

(3)教育活动。

一周教育活动的内容要全面,尽量涵盖五大领域。每一周教育活动的内容要体现新旧内容的融合。注意所选内容的适宜性,思考所选内容是否必须通过教育活动的途径去实现目标,如歌曲复习可以在过渡环节进行,手工制作可以在区域活动中完成等。两节活动课之间要注意以下三点:动静交替,互不影响,尽量把动性的活动安排在后面一节;内容间的关联性;内容容量搭配适宜,如第一节为数学活动,第二节为美术活动,对幼儿来说容量过大,难以完成。

(4)户外活动。

户外活动应包含集体游戏和分散自选游戏两部分。每周要设计需要幼儿重点发展的运动技能,一般持续一周,循序渐进提升。制订周计划时要注意:关于集体游戏部分，要突出每日的运动技能要点；关于分散自选游戏部分，要有对每周重点材料的投放与调整的指导。

(5)区域活动。

周计划中列出的每日区域活动，应为教师重点指导的区域活动，一周中应尽量涵盖所有区域。根据上周幼儿游戏情况和本周重点目标而定。制订周计划时尽量简要标出每个区域活动的指导重点，且呈现递进性。

(6)离园活动。

离园活动是幼儿离园前的集体等待环节。在这个环节内，教师既可以组织轻松愉悦的活动，稳定幼儿的情绪，又可以对一日生活进行简短回顾，融入一定的教育价值。教师可以和幼儿自由交谈，也可以组织有目的的自选活动，如故事欣赏、"悄悄话"、"今天的我最棒"、分享时刻等活动。

(三)制订班级教学周计划的基本要素

①项目名称；②周次；③周教学目标；④周教学内容的安排。

四、制订班级一日常规工作计划

(一)班级一日常规工作计划的定义

班级一日常规工作计划是指幼儿园班级在一日常规工作方面的具体规划。幼儿园班级一日常规工作主要包括入园、离园、自由游戏、教育活动、生活活动、户外活动、区域活动等基本活动，以及串联一个活动与另一个活动的过渡环节。

(二)制订班级一日常规工作计划的意义

班级一日常规工作计划的制订，有利于一日活动中各环节教育价值的充分发挥，使各环节有机配合形成合力，达到整体大于部分之和的效果。因此，教师应从整体出发，有机地整合各个环节的各项活动，努力提高各项活动的整体成效，让幼儿的一日活动有机配合，呈现出整体效果。

同时，制订班级一日常规工作计划能够提高教师的工作效率，加强教师在工作过程中的执行率，减少工作失误。作为一名合格的幼儿教师，制订一份科学合理的一日常规工作计划是非常必要的。

（三）制订班级一日常规工作计划的原则

1.整体性原则

幼儿园一日生活的整体性原则，要求教师树立整体观和系统观，不要把一日生活看成一个个要素、部分的简单相加，或一个个环节的简单连接，而要把一日生活各要素、各部分、各环节都看作班级管理整体系统中的要素、部分、环节，把它们看作相互联系、相互渗透、相互影响、不可分割的部分。

2.动静交替原则

幼儿的年龄特点决定了他们的注意力集中时间较短，这就要求教师要根据幼儿的不同需求安排适宜的活动，让活动形式适宜、时间长短适宜、活动内容适宜，要有动有静，让幼儿松弛有度，使幼儿大脑的不同区域轮流运转，身体的大小肌肉都得到锻炼。

3.分散与集中相结合原则

灵活多变的活动组织形式能满足幼儿多方面的发展需求，给予幼儿不同的支持。集体活动能让幼儿相互分享智慧，体验交往的乐趣；小组活动能使幼儿之间的交往更加密切，让幼儿有更多的表现机会；个体活动则能为幼儿提供更多独自探究的空间，有利于教师进行有的放矢的教育。

4.预设与生成相结合原则

幼儿园的生活中处处蕴含着有价值的教育内容，教师可以随机将这些内容纳入计划，生成课程，这既可以看作教育生活化，也可以看作生活教育化。一日活动组织过程中有很多不确定性，很难准确预测教育效果，需要教师在与幼儿的交往中根据情况做出适当的反应。因此，制订教学计划都应留有余地，一个缺乏弹性的计划不仅束缚了教师，还束缚了幼儿。

（四）制订班级一日常规工作计划的注意事项

（1）幼儿户外活动时间每天应不少于2小时，其中体育活动时间不少于1小时，高温天气可酌情减少。

（2）幼儿两餐间隔时间不少于3小时。

（3）保证幼儿每天连续不少于1小时的自主游戏。

(4)采用集体、小组、个别活动等多种形式开展学习活动,减少整齐划一的集体形式的学习活动,大班每天最多不超过1个小时,中班和小班则适量减少。

(5)在连续性的游戏、体育、学习等活动中,教师应注意提醒幼儿根据需要饮水、如厕等,养成良好的生活习惯。

(6)教师可结合天气、地域特点安排课程,适当调整班级一日常规工作计划。

(7)要对集体教学活动的内容分析通透,依据幼儿的年龄特点精心设计方案,活动过程要清晰,有重点与难点。生活活动、游戏活动、区域活动的目标要明确,并有指导重点。

项目评价

主题	内容	优秀	良好	一般	较差	很差
学习态度	能准时参加全部学习任务,完成工作表单	5	4	3	2	1
专业知识	理解幼儿园班级管理的内涵、方法	5	4	3	2	1
研讨精神	积极参与讨论,对其他人的发言能提出合理的分析和见解	5	4	3	2	1
团队协作	能很好地融入课堂小组讨论,共同推进学习进程	5	4	3	2	1
沟通交流	能够清晰准确地表达自己的观点,与他人交流时态度、语气恰当	5	4	3	2	1
人文素养	树立正确的幼儿园班级管理理念,有从事幼儿教师职业的积极性	5	4	3	2	1
信息素养	会检索幼儿园班级管理相关文献,主动阅读学前教育专业相关文献	5	4	3	2	1
实践应用	能制订班级学期工作计划、月计划、周计划及一日常规工作计划	5	4	3	2	1
自我小结						

项目小结

本次项目中，我们了解了幼儿园班级管理是幼儿教师通过计划、组织、实施、调整等环节对幼儿园的人、财、事、物、时间、空间、信息等进行的有目的、有计划的活动。在管理过程中我们常常可以使用规则引导、情感沟通、榜样示范、目标指引、说服教育等教育方法，且在管理的过程中要根据管理计划的相关要求提前规划，制订好学期工作计划（包含班级情况、保教目标、各阶段的目标和措施、家长工作、环境创设、游戏活动等内容）、月计划（包含上个月情况分析、本月各领域的重点目标、主要活动措施及活动内容、环境创设要求、家长工作等内容）、周计划（包含各类活动的安排，如晨间活动、生活活动、教育活动、户外活动、区域活动、离园活动等的具体内容及时间安排）及一日常规工作计划（包含入园、离园、自由游戏、教育活动、生活活动、户外活动、区域活动等基本活动）。同学们结合在见习与小组合作学习中收集的案例，在尝试分析和修订班级学期工作计划、月计划、周计划及一日常规工作计划的过程中获得制订班级工作计划的相关能力，并树立正确的幼儿园班级管理理念，提升从事幼儿教师职业的积极性。

直通赛证

2022年下半年教师资格证考试《综合素质》（幼儿园）真题

李老师打扫完班级卫生后，顺便坐在教室的玩具柜上，这时他看到小杰也从椅子上爬到柜子上坐着，便说："小杰不能坐到柜子上，这样太危险，老师说过很多次了，你忘了吗？"旁边程程跟上说："老师，你也坐在上面呢。"此时李老师恰当的回应是（　　）。

A. 老师和柜子说过了，它同意哦！

B. 谢谢你，以后我们都不要坐了。

C. 老师打扫卫生太累了，只坐了一会儿。

D. 谢谢你，老师不会摔，小朋友会危险的。

[答案]B。

[解析]教师职业道德规范中"为人师表"要求教师：坚守高尚情操，知荣明耻，严于律己，以身作则。衣着得体，语言规范，举止文明。这样才能为幼儿树立好榜样。

实践实训

自选年龄班,拟订一套幼儿园工作计划(包含班级学期工作计划、月计划、周计划及一日常规工作计划)。

推荐阅读

纪录片《幼儿园》

内容简介:《幼儿园》是导演张以庆的作品,他曾任湖北电视台纪录片独立制片人。他在简介中这样写道:"在中国在武汉在一所寄宿制幼儿园,我们记录了一个小班、一个中班和一个大班在14个月里的生活。幼儿园生活是流动的,孩子们成长是缓慢的,每天都发生一些小事却也都是大事,因为儿时的一切对人的影响是久远的。一个单位、一段日子、一堆成长中的生活碎片,总会承载点什么,那便是当我们弯下腰审视孩子的同时,我们也审视了自己和这个世界。"

项目二

幼儿园班级环境创设

项目目标

知识目标

1. 了解幼儿园班级环境创设的重要性及基本原则。

2. 掌握创设幼儿园班级室内、户外环境的内容。

技能目标

能灵活运用幼儿园班级环境创设的方法进行环境创设。

素质目标

树立正确的幼儿观、教师观和教育观。

学习重难点

学习重点

掌握幼儿园班级室内、户外环境创设的内容。

学习难点

灵活运用幼儿园室内环境创设、户外环境创设以及班级物品管理的方法。

思维导图

- 幼儿园班级环境创设
  - 班级室内环境创设
    - 班级室内环境创设的意义
    - 班级室内环境创设的基本原则
    - 班级室内环境创设的方法
  - 班级户外环境创设
    - 班级户外环境创设的意义
    - 班级户外环境创设的基本原则
    - 班级户外环境创设的方法
  - 班级物品管理
    - 班级物品管理的内涵
    - 班级物品管理的原则
    - 班级物品管理的方法

任务一

班级室内环境创设

任务目标

1. 掌握幼儿园班级室内环境创设的基本原则。

2. 能够运用班级室内环境创设的方法进行班级室内环境创设与案例分析。

任务准备

1. 物质准备：纸、笔。

2. 经验准备：到幼儿园见习，收集幼儿园班级室内环境的图片。

工作表单

工作表单1

收集与整理

请将你收集的幼儿园班级室内环境的图片粘贴到下表中，并简单说明其设计的可取之处。

室内空间	图片粘贴	可取之处

工作表单2

思考与设计

请根据幼儿园班级室内环境的布局要求，绘制一幅室内环境布局图，并说明设计理由。

学习支持

一、班级室内环境创设的意义

《幼儿园工作规程》提出:“创设与教育相适应的良好环境。”教师要充分利用周围环境的有利条件,灵活地运用集体活动、小组活动与个人活动的形式,为幼儿提供充分活动的机会。《幼儿园教育指导纲要(试行)》指出:“幼儿园应为幼儿提供健康、丰富的生活和活动环境,满足他们多方面发展的需要,使他们在快乐的童年生活中获得有益于身心发展的经验。”幼儿的发展是在与周围环境的相互作用中实现的,良好的教育环境对幼儿的身心发展具有积极的促进作用。幼儿园是幼儿学习、生活与游戏的场所,幼儿每天看到的、接触最多的是班级环境。作为教师,应该充分发挥环境这一“隐性课程”在开发幼儿智力、促进幼儿个性发展等方面的作用,让幼儿在与班级环境的良好互动中得到全面、和谐的发展。

二、班级室内环境创设的基本原则

(一)环境与教育目标一致的原则

幼儿园班级环境是幼儿园课程的一部分。幼儿园班级环境创设是动态的,与教学主题同步更换。在创设幼儿园班级环境时,要体现教育性,使环境创设的目标符合幼儿德、智、体、美、劳全面发展的需要,与幼儿园以及班级教育目标相一致。

(二)适宜性原则

幼儿正处在身体、智力迅速发展以及个性形成的重要时期,有多方面的发展需求。幼儿园班级环境创设要与幼儿的年龄特点及身心发展的需求相适宜。例如,小班教室可以布置得更加温馨,地面、墙面可以做软化处理,保证安全.室内可以放置一些幼儿喜欢的小中型玩具。中班多变化,大班讲综合。

(三)安全性原则

安全性原则是指创设幼儿园班级环境应以保护幼儿的安全健康为基础,积极主动地消除环境中可能存在的不安全因素。安全的幼儿园环境是幼儿发展的必备条件,只有在安全的环境里,幼儿的生命健康才能获得保障,幼儿才有可能获得自由、快乐的发展。班级活动中投入的玩具和学习材料，涉及废旧物品利用的，一定要先对废旧物品进行消毒，然后再投入让幼儿使用。

（四）幼儿参与原则

幼儿参与原则是指幼儿园班级环境的创设过程是幼儿与教师共同参与、共同合作的过程，幼儿有权参与和自己生活相关的环境创设，教育者要有让幼儿参与环境创设的意识。

（五）经济性原则

经济性原则是指创设幼儿园班级环境应考虑不同地区、不同条件幼儿园的实际情况，做到勤俭办园，因地制宜，充分利用日常资源，就地取材，一物多用，遵循以低费用达到高效益的经济性原则。幼儿园环境创设要以最小的投入（人力、物力、财力）换取最大的产出，体现空间使用的多功能性和材料使用的多功能性。

三、班级室内环境创设的方法

一般来说，幼儿园班级的室内空间主要包括活动室、午睡室、卫生间和活动区域等。

（一）活动室环境创设的方法

1.活动室的布局

首先，活动室应相对宽敞，能够给幼儿提供较大的活动空间；其次，幼儿的桌椅要有相对固定的摆放位置，便于幼儿学习和就餐，且桌椅的高度应符合幼儿的身高，小、中、大班各不同。

2.活动室的色彩选择和搭配

活动室的色彩选择和搭配也应有所讲究，各年龄班活动室的色彩不宜强求一致。小班幼儿游戏活动时间较长，活动室的色彩应活泼一些，上半部分可选择白色，下半部分选择绿色，并配以淡蓝色的课桌、褐色的地板和橙色的窗帘；中、大班每天都安排有写作业的时间，活动室的色彩可以搭配冷色。

3.活动室的墙面布置

关于活动室的墙面，教师在创设之前要有清晰的目标，即要明确墙面环境创设所要达到的目标。如从房顶到墙面离地面最高的部分，从幼儿视角不容易看到，可以作为活动室的大背景，教师可以根据本班幼儿的年龄特点，用幼儿喜爱的色彩布置墙面；再如活动室墙面的中间部分，幼儿能够看到，但用手够不到，可以作为活动室的展示区；又如活动室最下面的部分，是幼儿参与环境创设最多的部分，教师可以充分放权给幼儿，幼儿根据自己的想法用双手布置环境，会使他们更加深刻地理解环境中的内容，也会使他们更加爱护环境，使个体与环境的互动效应更大，同时也减轻了教师的工作负担。

（二）午睡室环境创设的方法

（1）墙面色彩宜用蓝色系，有助于稳定幼儿的情绪，给幼儿以平静、安稳的感觉。

（2）在午睡室的墙面上贴“夜空”“熟睡的小动物”等图案，为幼儿营造温馨的睡眠氛围。

（3）在幼儿可以看到的地方贴上如“钻被子”“自己睡”“降低分贝”等图文结合的图画提醒幼儿快速入睡。

（4）窗帘应选择暗红、蓝色等深色，帮助幼儿尽快入睡，窗帘不要经常更换，以免影响幼儿的睡眠质量。

（5）每天要注意开窗通风和打扫午睡室内的卫生，以保持室内空气的新鲜和环境的舒适、干净。

（6）室内保持安静，温度适宜，适当拉好窗帘，保持适宜的光线。

（7）幼儿的小床摆放不宜紧紧相连，相互之间最好能保持一定距离。

（三）卫生间环境创设的方法

（1）张贴洗手步骤图，并结合绿色环保、节约用水的理念，张贴相关图标，培养幼儿低碳环保的意识。

（2）在盥洗室墙面张贴“餐后约定”“我是值日生”“正确擦嘴、擦手”等提示图片，提示幼儿应做什么、如何做。

（3）在卫生间地面上贴上一排一排的小脚丫以提示幼儿排队，帮助幼儿养成有序如厕的习惯，避免发生安全事故。

(4)张贴饮水的益处相关的图画,鼓励幼儿多喝水,让幼儿了解自己的身体状况,知道健康与个人生活习惯、卫生习惯、运动等多方面有关系。

(5)贴上男、女洗手间标识,让幼儿了解标识所代表的意义。

(6)张贴安全标志或相关图片,利用图像、标志等引导幼儿树立安全意识。

通过对卫生间的环境创设,既能激发不同年龄段幼儿对于盥洗等生活活动的兴趣,又能使幼儿对盥洗方法更加了解,促进幼儿模仿,掌握生活技能,培养其良好的卫生习惯,使幼儿树立规则意识和安全意识。

(四)活动区域环境创设的方法

1.合理布局活动区域

活动区域要能够契合幼儿的兴趣和满足其发展需要,因此区域要丰富。区域按其性质可以分为两类:一类是学习性的区域,这类区域主要指向幼儿对周围环境、客观事物的认识和理解,帮助幼儿积累生活经验与认知经验,如生活区、科学区、语言区、美工区等;另一类是游戏性的区域,这类区域主要指向促进幼儿良好情感的发展和社会经验的积累,如建构区、表演区、角色区等。各种活动区域促进幼儿不同方面的发展,教师应该创设多种类型学习和游戏的活动区域。

教师在创设活动区域时,应尽可能将较为安静的活动区域安排在室内,如阅读区等;将可能有较大声音的活动区域安排在靠近教室门口,如表演区、科学区等,并根据活动情况进行灵活调整。同时,各活动区域之间应设有分隔物,以减少幼儿分神。另外,各区域之间要留有清晰的走动线,引导幼儿在规定的范围内走动,避免其他区域内正在进行活动的幼儿被打扰。

2.材料的选择

(1)围绕区域教育目标。

活动材料是实现教育目标的手段,是幼儿获得发展的媒介。教师应根据班级幼儿的实际发展水平设置目标,只有目标明确,教师才能根据教育目标去选择材料,为每个幼儿提供有效、适宜的环境刺激,避免材料投放的盲目性。

(2)遵循安全性和经济性原则。

在材料安全的前提下,依据幼儿园自身经济条件,尽量做到一物多用。教师可以充分利用安全无毒的废旧材料,如挂历纸、各种包装纸、海报、纸盒、形状特别的塑料瓶等,还可以发动家长收集材料,充分利用身边的一切资源。

3.材料的投放

（1）注意材料本身的性质。

材料结构直接影响幼儿对材料的选取频率和持续时间。低结构材料的特点是可塑造、可组合，无固定的使用模式，可操作性高，给幼儿提供丰富的操作空间。如日常生活中收集的纸盒、牛奶瓶、瓶盖、广告纸、薯片罐、报纸、布片、纽扣、吸管等废旧材料，还有大自然中的沙、土、石、水、木棍等。这些材料能够激发幼儿的创造欲望，幼儿常常能够变换出不同的玩法，因体验到成功的喜悦而兴趣大增。因此，相较于高结构材料，幼儿对低结构材料的兴趣更大，专注于低结构材料的时间也更长。教师应充分挖掘低结构材料的教育价值，有意识地投放低结构材料。

（2）考虑幼儿的年龄特点和个体差异。

幼儿的发展具有阶段性，教师应根据幼儿的年龄特点决定投放材料的难易程度。除了年龄差异之外，教师在投放材料时也应考虑幼儿的个体差异。

任务二

班级户外环境创设

任务目标

掌握幼儿园班级户外环境创设的基本原则与方法。

任务准备

1. 物质准备:纸、笔。
2. 经验准备:到幼儿园见习,对幼儿园户外环境有所了解。

工作表单

工作表单

参观与设计

请你绘制当地某一幼儿园户外环境平面图。

学习支持

一、班级户外环境创设的意义

幼儿园班级户外环境指的是以幼儿为主体的，在一定空间范围和地域内，由实体构件围合的室内空间之外的活动领地，也就是以幼儿为中心的一定空间范围内的户外环境。它是幼儿在幼儿园中接触自然、进行游戏活动、与人交流的场所，是幼儿教师开展教学的场所。因此，如何创设幼儿园班级户外环境对幼儿教育工作者来说责任重大。《幼儿园教育指导纲要（试行）》强调了户外环境的重要性。北京师范大学刘焱教授认为，户外游戏活动仅被人们看作“身体的活动”，事实上，户外游戏活动包含着两种不可分割的、相互关联的学习过程，即“学习运动”和“通过运动学习”。

二、班级户外环境创设的基本原则

（一）安全性原则

安全问题是幼儿园第一大问题，在进行班级户外环境创设时，应将环境的安全性放在首位。因此，教师在创设幼儿园班级户外环境时应把保护幼儿的安全、健康放在首位，积极主动地消除环境中的不安全因素。

（二）教育性原则

一个好的户外环境应该是多彩的、立体的、富有吸引力的无声教科书。环境不仅是课程开发、设计的来源，而且是课程实施的方法。户外环境创设要与课程设计相呼应，展现教育活动主题。因此，教师在创设户外环境时，要依据幼儿园教育目标，对户外环境创设做出系统的规划，符合幼儿全面发展的需要。

（三）发展适宜性原则

不同的幼儿有不同的个性特点和发展需要，教师在创设幼儿园班级户外环境时要根据不同年龄段幼儿的特点创设适合幼儿发展需要、契合幼儿兴趣的环境，而且环境创设也要随着幼儿的发展及时调整。

三、班级户外环境创设的方法

（一）回归幼儿本真

微视频：
《幼儿园户外环境创设要点》

教育的目的应该是发展幼儿，它应该尊重幼儿发展的规律，尊重幼儿的兴趣和需要，助推幼儿按其本性生长。强调回归幼儿本真的教育理念，其本质是强化教育的本体功能，即教育要在尊重幼儿本性的基础上为其可持续发展奠定良好的能力和个性基础，只有让幼儿获得良好的发展，才能通过教育更好地实现除幼儿发展之外的其他目标。幼儿的学习具有生活性、探究性，回归幼儿本真的教育应该从幼儿生活与学习的环境入手，让幼儿通过直接感知和亲身体验来发展各项能力和品质。

（二）以自然性和教育性为基本前提

幼儿园班级户外环境应该尊重和遵循幼儿的本性和发展规律，并且要能让幼儿积极主动地与之互动。这种环境既可以是自然环境本身，如小树林、田地和小山，也可以是在自然环境的基础上加入人为的设计，如在小溪上架小桥、在小树林里设置秋千等。但总体而言，为幼儿创设的户外环境应该最大限度地保留环境的自然性，能够让幼儿有充分的探索空间，让其充分地认识自然中事物之间的联系。

幼儿园班级户外环境应该是自由的、互动的和具有支持性的，教师在创设户外环境时必须在自然性的基础上强化环境的教育性，并以自然性和教育性为基本前提对环境进行系统且科学的规划。可以充分利用幼儿园周围的水、石、沙、土、动植物等材料来创设供幼儿游戏的环境，这些游戏涵盖野趣游戏、亲自然游戏、大型互动游戏等多种类型。

任务三
班级物品管理

任务目标

掌握幼儿园班级物品管理的内涵、原则和方法。

任务准备

1. 物质准备:纸、笔。
2. 经验准备:到幼儿园见习,观察见习班级在物品管理中存在的问题。

工作表单

工作表单

思考与讨论

小组讨论在幼儿园见习过程中观察到的班级物品管理问题以及如何解决这些问题。

学习支持

一、班级物品管理的内涵

幼儿园班级物品指的是班级里的一切设备设施和其他所用之物。班级物品种类繁多，有桌椅、板凳、钢琴、电视、电脑、教具等教学用品，也有水杯、餐具、毛巾、饮水机、消毒柜等生活用品，还有各个区域的玩具、活动材料等游戏用品以及学具、图书等学习用品；有公共的保洁、清扫和消毒物品，也有幼儿的日常衣物、书包等个人生活用品等。这些物品不能随意摆放，而应该分类有序放置，并注意科学管理。

幼儿园班级物品管理是指教师根据班级的教育目标，将幼儿园班级内的一切物品进行规划、调整，优化班级物品管理，从而提高班级管理效率，促进教育目标的实现。通过对班级物品合理、规范、有序的管理，可以为幼儿创设丰富、健康、有序的生活与活动环境，提高物品的使用效率，更好地支持教育教学活动，避免浪费和减少损坏，还可以培养幼儿良好的物品使用习惯和自理能力，提高班级管理的效率。

二、班级物品管理的原则

（一）安全实用原则

保护幼儿的安全、促进幼儿的健康是幼儿园的基本责任。《幼儿园教育指导纲要（试行）》明确指出："幼儿园必须把保护幼儿的生命和促进幼儿的健康放在工作的首位。"班级物品的安全，一方面是材料的安全，要确保无毒、无污染；另一方面是物品摆放的安全，电子产品、电源插座、玩具、悬挂物、墙饰、活动器械等的摆放须符合安全规范。物品的收集不是多多益善，而应根据幼儿生活、学习、游戏的需要以及幼儿的身心特点设置区域、丰富材料。

（二）动态发展原则

班级物品是教师开展教育教学活动的物质保障，是幼儿生活、学习、游戏的重要保障，是促进幼儿发展的重要支撑。应根据教育教学活动的变化及时整理、补充、丰富班级物品，为幼儿创设温馨、健康、丰富的活动环境，更好地支持教育教学活动及其他一日活动的开展，还要根据季节的变化及时调整，如根据天气的变化及时更换被褥等。

(三)物尽其用原则

班级物品应避免一次性堆放式投放,而应根据需要逐步投放,精打细算,不铺张浪费。纸箱、奶罐、纸杯、易拉罐、矿泉水瓶等都可以再利用,教师可引导幼儿充分发挥想象力、创造力,变废为宝,甚至使其一物多用,既培养幼儿的创造能力,又在潜移默化中培养幼儿勤俭节约的美德。

(四)共同参与原则

班级物品管理不只是教师和保育员的职责,还是班级中每一位成员的职责。教师和幼儿都是班级的主人和班级物品管理的主体。教师应与幼儿共同制作标识、制订班级物品管理规则、规划活动区域,调动幼儿参与物品清洁、整理的积极性和主动性,培养幼儿科学管理物品、定点收放物品的良好习惯,培养幼儿的责任感和按类别收拾、整理物品的能力。

三、班级物品管理的方法

(一)建立健全班级物品管理制度,明确分工、共同管理

班级物品管理涉及班级中的每一位成员,教师与保育员应在尊重个人意愿的基础上,按照“谁使用、谁保管、谁负责”的民主分工原则,建立健全班级物品管理制度,负责人要做好班级物品整理、归纳、保管工作,并做好记录,以便随时取用。一般来讲,保育员主要负责班级公共卫生用品和幼儿个人生活用品的管理,教师主要负责班级教学用品和幼儿学习、游戏等活动用品的管理。虽然有一定的分工与要求,但实际上,由于班级物品的使用在时间与空间上很难做严格的划分,所以教师、保育员等人员要相互协作,共同负责。

幼儿也是班级物品管理的主体,尤其是对于中、大班幼儿,教师要注意激发他们参与班级物品管理的积极性和主动性,培养其秩序感、责任感与生活自理能力,使其养成物归原处的良好习惯。幼儿对物品进行分类管理,在一定程度上还可以促进其对实物概念的掌握,真正发挥物品管理服务教育教学的功能。

(二)建立班级物品登记表、班级物品变损清单作为核检的依据

学期初和学期末的时候对班级物品进行登记,建立班级物品登记表、班级物品变

损清单，随时记录、更新班级物品在日常教育活动中的使用及损坏情况，以便及时修理与补充。班级物品登记表、班级物品变损清单的运用既便于幼儿园对各班级物品进行记录、统计和分析，同时也能切实提高班级物品管理效率。

（三）物品分类放置、整齐摆放，保持物品的清洁、卫生

首先，班级物品种类繁多。许多小型物品不应混杂放置，而应将其进行分类后放置。对于使用频率较高的玩具和区域活动材料，班级人员要制订使用规则和管理办法，并在生活中坚持一致性和一贯性。装物品的容器可以用不同的颜色加以区分，也可以在容器外面贴上醒目的标签便于寻找。例如，幼儿园班级中盛放美工材料的盒子按颜色加以区分：红色的盒子用来放泥工材料，绿色的盒子则用来放纸工材料，蓝色的盒子用来放幼儿的作品，等等。再如，柜子上标记编号“A1”“A2”“A3”……以按序存放各主题活动的教辅用品。这样，无论是教师还是幼儿在使用过程中都能够做到一目了然，提高活动效率。

其次，摆放分好类的物品时，要整齐且位置固定。每次用完物品之后要及时放回原处，以便下次使用。另外，幼儿的生活用品以及玩具等要经常清洗和消毒，确保物品干净和安全。班级内的设施设备等也要经常清洁以保持干净，尤其一些设施设备内部等易忽略的地方更要做到定期清洁。

（四）物品摆放的位置和高度适宜，便于幼儿取放

物品摆放的总体原则是便于幼儿开展活动，最大限度地把空间留给幼儿。为此，幼儿常用的一些活动材料，如水彩笔、手工纸、橡皮泥、图书绘本等物品的摆放要照顾幼儿的身高，便于幼儿根据活动需要自主取放。切不可为了美观或整齐，而忽视了幼儿的需要。小、中、大班的幼儿的身高不同，教室或活动室中的桌椅等配置也就有相应的区别。但是在小班中也会有个子较高的幼儿，在大班中也会有个子较矮的幼儿，还有个别有特殊需求的幼儿，因此，教师要及时发现幼儿的需要，及时调整和给予帮助，保障幼儿的舒适与安全。

（五）为每位幼儿提供“专柜”，存放私人物品

幼儿园在条件允许的情况下，尽可能为每位幼儿提供可以存放私人物品的空间，如为每个幼儿配备一个小柜子或小箱子。每个幼儿都需要拥有一个独立空间，这样既满足了幼儿对个人空间的需求，又便于幼儿自主管理个人物品。

此外，班级人员对临时的幼儿个人生活用品应妥善保管，并注意及时与家长沟通联系，防止损坏或丢失；有安全隐患的药品、消毒液、电器、开水及其他物品等，一定要注意合理放置，妥善保管。

项目评价

主题	内容	优秀	良好	一般	较差	很差
学习态度	能准时参加全部学习任务，完成工作表单	5	4	3	2	1
专业知识	知道幼儿园班级环境创设的重要性及基本原则，了解幼儿园班级室内、户外环境创设的内容	5	4	3	2	1
研讨精神	积极参与讨论，对其他人的发言能提出合理的分析和见解	5	4	3	2	1
团队协作	能很好地融入课堂小组讨论，共同推进学习进程	5	4	3	2	1
沟通交流	能够清晰准确地表达自己的观点，与他人交流时态度、语气恰当	5	4	3	2	1
人文素养	树立正确的幼儿园班级管理理念，有从事幼儿教师职业的积极性	5	4	3	2	1
信息素养	会检索幼儿园班级管理相关文献，主动阅读学前教育专业相关文献	5	4	3	2	1
实践应用	能灵活运用幼儿园班级环创的方法进行环境创设	5	4	3	2	1
自我小结						

项目小结

本次项目中，我们了解了幼儿园班级室内、户外环境创设的相关要求。班级室内环境创设要遵循环境与教育目标一致的原则、适宜性原则、安全性原则、幼儿参与原则、经济性原则，活动室、午睡室、卫生间和活动区域的环境创设要从空间布局、色彩搭配、材料的选择与投放等方面进行思考；户外环境创设要遵循安全性原则、教育性原则、发展适宜性原则，要让户外环境回归幼儿本真，具备自然性和教育性；班级物品管理要遵循安全实用原则、动态发展原则、物尽其用原则、共同参与原则，在管理过程中首先要建立健全班级物品管理制度，要有班级物品登记表、班级物品变损清单作为核检的依据，物品要分类放置、摆放整齐、保持清洁卫生，物品摆放的位置和高度适宜，便于幼儿取放，还要为每位幼儿提供“专柜”，存放私人物品。同学们结合在见习和小组合作学习中收集的案例，在绘制幼儿园班级环境平面图与分析案例过程中获得幼儿园班级环境创设能力，并树立正确的幼儿观、教师观和教育观。

直通赛证

2022年上半年教师资格证考试《综合素质》(幼儿园)真题

马老师在活动反思中写道：“使用档案袋对幼儿的表现进行评价，经常需要花费些额外的时间，与其在这些花样上花时间，不如把精力多用在孩子身上。”这说明马老师(　　)。

A.缺少幼儿学情分析意识

B.缺少经验提炼的能力

C.缺少幼儿发展评价能力

D.缺少教学决策的意识

[答案]A。

[解析]教师在对班级中的人、财、事、物等进行管理的过程中，要注重档案或清单的建立和管理。建立幼儿档案有助于教师对幼儿学情的分析及掌握。

实践实训

在幼儿园见习时尝试为见习班级创设一个活动区域，并用拍照的方式记录下来。

推荐阅读

纪录片《小人国》

内容简介:《小人国》是导演张同道蹲点北京郊区一所名为“巴学园”的幼儿园,历时三年拍摄而成,真实记录幼儿园孩子内心世界的纪录片。纪录片中,该幼儿园的环境尽收眼底,为幼儿园环境创设学习提供了很好的范本。

项目三

幼儿园班级一日常规

项目目标

知识目标

1. 理解幼儿园班级一日常规的意义。
2. 掌握幼儿园班级一日常规的内容与要求。
3. 掌握生活常规与教育常规安排。

技能目标

通过讨论提高解决问题能力和逻辑分析能力。

素质目标

树立幼儿园班级一日常规管理意识。

学习重难点

学习重点

掌握幼儿园班级一日常规的工作内容、流程。

学习难点

掌握幼儿园班级一日常规中的教学技巧、保育技巧及塑造幼儿教师形象的技巧。

思维导图

- 幼儿园班级一日常规
  - 班级一日常规管理
    - 一日常规的内涵
    - 一日常规管理的原则
  - 班级一日生活常规
    - 来园
    - 如厕
    - 餐点前准备
    - 餐点时组织
    - 餐点后组织
    - 午睡前准备
    - 入睡时引导
    - 起床后组织
    - 离园前准备
    - 集中离园
  - 班级一日教育常规
    - 早操活动
    - 学习活动
    - 室内游戏活动
    - 户外活动

任务一

班级一日常规管理

任务目标

1. 理解班级一日常规的内涵。

2. 掌握班级一日常规管理的原则与要求。

任务准备

1. 物质准备:纸、笔。

2. 经验准备:到幼儿园见习,对幼儿园一日生活计划有一定了解。

工作表单

工作表单

查阅与思考

查阅《幼儿园教育指导纲要(试行)》文件,找出文件中对一日常规的要求,初步理解一日常规管理的原则。

《幼儿园教育指导纲要(试行)》中第三部分第九条“科学、合理地安排和组织一日生活”的具体要求是什么?

学习支持

一、一日常规的内涵

一日常规是指幼儿在幼儿园一日活动中应该遵守的基本行为规范。一日常规内容包括三个方面：一是一日常规活动的时间及顺序要求；二是一日常规活动各环节的具体要求；三是幼儿一般行为规范要求。明确班级一日常规的内容是教师有效进行常规管理和实施常规教育的前提。

建立好班级一日常规有助于幼儿形成良好的生活习惯、卫生习惯和行为习惯，这也是幼儿身心健康发展的重要标志，是五大领域学习与发展的基础；建立好班级一日常规有助于幼儿适应集体环境，提高幼儿生活自理的意识和能力；建立好班级一日常规有助于维持班级活动秩序，有助于教师和保育员组织开展一日活动。

二、一日常规管理的原则

微视频：《一日常规管理要点》

（一）符合幼儿特点，提出合理规则要求

一日常规的安排与实施必须结合幼儿的年龄特点，切合幼儿实际，分阶段，循序渐进。

托、小班：要从小处着手管理常规，更加关注幼儿的生活细节。如建议采用儿歌的方式教幼儿正确洗手；早操前引导幼儿排队下楼；午餐前可以引导幼儿听音乐、玩手指游戏等。

中班：一日常规的重点是帮助幼儿建立良好的学习、游戏规则意识。如集体教学活动时，发言要先举手；积极参与各项集体活动，游戏时既能表达自己的意愿又能遵守游戏规则。

大班：一日常规的重点是学习习惯、为他人服务（如幼儿如何做好值日生工作）、安全意识（如幼儿的自我保护能力）三个方面。

但需要注意的是，一日常规中有些常规要求是不变的，例如餐前洗手、餐后正确使用毛巾擦嘴等；而有的常规则随着幼儿年龄的增长，要求逐渐提高，如在小班上学期，要求幼儿安静用餐，基本吃完自己的饭菜；在小班下学期，则要求幼儿吃完自己的饭菜，力求保持碗里、桌面干净；中、大班时，则要求保持桌面、碗里、地面、身上清洁等。

实施班级一日常规时，应结合幼儿年龄特点，采用幼儿比较容易接受的方法。皮亚杰认为幼儿普遍存在“泛灵论”的特征，即3—6岁儿童习惯把一切事物都看成和人一样是有生命、有意识的生物，常把玩具当作活的伙伴，并与它们游戏、交谈。教师可以根据幼儿的这种特征帮助他们理解并遵守规则，引导幼儿学会移情和换位思考。例如：针对幼儿搬椅子时出现的不当行为，教师可以根据幼儿的不同表现，在椅子上贴“笑脸”或“哭脸”；对于爱撕书的幼儿，则可以告诉他这样做“书宝宝”会很痛、很难过等。

【拓展小站】

一日常规自编儿歌

入园

1. 入园歌(一)

太阳出来眯眯笑，小朋友们上学校。

见了老师问声好，见了同伴把手招。

讲文明、懂礼貌，我们都是好宝宝。

2. 入园歌(二)

公鸡叫，太阳笑，宝宝来园不迟到。

问老师，早上好，大家夸他有礼貌。

3. 上幼儿园

爸爸妈妈去上班，我上幼儿园，也不哭，也不闹，叫声老师好。

集合排队

1. 排队走

小朋友，排队走，你在前来我在后，

不说话，不回头，老师夸我好宝宝！

2. 排排队(一)

小宝宝，排排队。

你在前，我在后。

一个跟好一个排，
整整齐齐排好队。

3.排排队（二）
1 2 3 4 5 6 7，7 6 5 4 3 2 1，
小朋友们动作快，大家一起来站队。
先稍息、再立正，半臂间隔来看齐。
我们大家准备好，看看哪队先站齐！

4.排队歌
队伍一条线，立正挺胸向前看，
对准伙伴后脑勺，队伍走得快又好。

5.齐步走
小小手，摆摆动。
小小脚，踏起来。
小胸脯，挺起来。
一二一，一二一……

如厕

1.如厕歌（一）
小朋友，要知道，及时如厕很重要。
进出厕所守规则，看清标记不滑倒。
安全卫生记心里，争做文明好宝宝。

2.如厕歌（二）
妈妈夸我本领大，拉完大便自己擦。
脏纸放进纸篓里，两手用力把裤提。
便后记住要冲水，最后把手洗干净。

洗漱

1.洗手歌(一)

打开水龙头,小手冲冲湿,

关掉水龙头,抹上小肥皂。

左手亲一下,右手亲一下,

手心搓一搓,手背搓一搓,

手指丫丫也要搓一搓,

双手握握搓一搓,拇指转转搓一搓,

指尖关节搓一搓,握握手腕搓一搓。

打开水龙头,泡泡冲冲走,

毛巾擦擦手,关掉水龙头。

2.洗手歌(二)

哗哗流水清又清,洗洗小手讲卫生。

小肥皂,搓呀搓,搓出泡沫不生病。

哗哗流水清又清,洗洗小手讲卫生。

你也洗,我也洗,看谁洗得最干净。

3.洗脸歌

双手拿起小毛巾,平平整整放手心,

洗洗眼,洗洗鼻,洗洗嘴,洗洗颈,

最后擦擦小耳朵,小脸洗得真干净。

4.毛巾歌

小毛巾,好朋友,天天帮我擦干手。

用完把你送回家,干干净净不乱丢。

5.漱口歌

手拿小茶杯,喝口清清水,抬起头,闭上嘴,咕噜咕噜吐出水,牙齿变得白又美。

6.饭后漱口歌

饭后接杯清清水，送到嘴里咕噜噜，

吐出饭菜小渣渣，再把小嘴擦干净。

喝水就餐

1.喝水歌(一)

小朋友，来喝水，你先我后不拥挤。

排好队伍到柜前，伸手去拿小水杯。

接水接到半水杯，接好水后回座位。

轻轻吹，慢慢喝，喝完水杯放回柜。

2.喝水歌(二)

我的小手真能干，杯杯清水促健康。

你一杯，我一杯，多喝开水身体棒。

3.喝水歌(三)

小水杯，手中拿，咕咚咕咚喝水啦！

每天多喝白开水，不爱生病笑哈哈。

4.饭前要洗手

小脸盆，水清清，小朋友们笑盈盈。

小手儿，伸出来，洗一洗，白又净。

吃饭前，先洗手，讲卫生，不得病。

5.吃饭歌(一)

我的小手真能干，自己来喂自己饭。

吃青菜，剥鸡蛋，身体健康多可爱。

6.吃饭歌(二)

小调羹手中拿，一口菜来一口饭。

吃饭时不喧哗，垃圾扔进小碗里。
自己的饭菜吃光光，桌面地面都干净。

7.吃饭歌（三）
吃饭时，坐端正，
右手拿调羹，左手扶着碗。
细细嚼，慢慢咽，
不剩饭，不挑菜，自己吃饭真能干。

8.擦嘴歌（一）
小手绢，四方方，
拿起它，擦嘴巴，
一二三，左右擦，
嘴巴乐得笑哈哈。

9.擦嘴歌（二）
小小纸巾双手托，对准嘴巴轻轻抹，
变成一块方手绢，擦擦折，擦擦折，
照照镜子看一看，擦净嘴巴笑呵呵。

10.就餐礼仪歌
要做文明好宝宝，就餐礼仪不能少。
筷子勺子不乱敲，讲话嬉笑就不好。
不挑食来不剩饭，细嚼慢咽肠胃好。
餐后收拾少不了，比比谁是好宝宝。

午睡

1.午睡歌
轻轻走进午睡室，自己的衣服折整齐，
小被叠好床靠齐，环境整齐靠大家。

2.睡觉歌(一)

脱下鞋子和外衣,端端正正放整齐。

铺好被子上床去,小被暖和盖身体。

闭上眼睛手放好,不吵不闹睡午觉。

房间里面静悄悄,一觉醒来精神好。

3.睡觉歌(二)

猫咪睡觉静悄悄,不说话来不吵闹。

我学猫咪来睡觉,老师夸我好宝宝。

4.穿衣歌(一)

抓领子,盖房子,

小老鼠,出洞子,

吱扭吱扭上房子。

5.穿衣歌(二)

小胳膊,穿袖子,

穿上衣,扣扣子,

小脚丫,穿裤子,

穿上袜子穿鞋子。

6.穿衣歌(三)

我是一个好孩子,自己穿衣穿裤子,

还会穿鞋穿袜子,妈妈伸出大拇指。

7.穿衣歌(四)

一件衣服四个洞,宝宝套进大洞洞,

脑袋钻出中洞洞,小手伸出小洞洞。

小纽扣,钻洞洞,一二三,钻出来。

8.扣纽扣

小纽扣,要扣好。

从下面,往上扣。

一颗颗,要扣牢。

课堂常规

1.做游戏

小宝宝,排排队,你前我后都不挤,我们都是好朋友,跟着老师做游戏。

2.玩具歌(一)

玩具筐,双手端,轻轻放在桌上面。

筐里玩具真叫多,花花绿绿多好看。

你一件,我一件,不争不抢一起玩。

3.玩具歌(二)

我的小手真能干,样样玩具我喜欢。

你不争,我不抢,爱护玩具当模范。

4.安静歌

谁安静,我安静,

谁听话,我听话,

眼睛向前看,嘴巴闭起来,我们要上课了。

5.小手拍一拍

小手小手拍一拍,我把小手伸出来。

小手小手拍一拍,我把小手举起来。

小手小手拍一拍,我把小手藏起来。

6.坐坐好

一二拍拍手,三四点点头,五六伸伸手,七八不讲话,九十快坐好。

7. 端坐歌

坐像一台钟，小膝盖头碰头，小手小脚做朋友，眼看前方背挺直，快乐学习有劲头。

8. 下课歌

下课了，要休息，别忘书本要收好，
摆桌椅，保整洁，上厕所，散散步，
有益游戏要多玩，追逐打闹有危险，
你帮我，我帮你，团结友爱要发扬。

安全与礼仪

1. 课间安全歌

遵守秩序出了门，不挤不推不打人。
上下楼梯靠右行，先后有序不争抢。
走廊通道慢慢走，奔跑打闹太危险。
进了教室要文明，不踩桌椅不攀登。

2. 走路

走路要学小花猫，脚步轻轻静悄悄，
不要像那小螃蟹，横冲直撞真糟糕。
坐着要学小白鹅，挺起胸膛精神好，
不要像那大龙虾，驼着背儿弯着腰。

3. 上下楼梯

小朋友，下楼梯，一个一个别着急，
你不推，我不挤，开开心心做游戏。
小朋友，上楼梯，一个一个别着急，
你不推，我不挤，高高兴兴回班里。

4.懂礼貌

好孩子,懂礼貌,文明用语记心里,

见面互问早上好,告别再见把手招,

需要帮助请出口,谢谢常常挂在口。

(二)提供榜样示范,充分进行实践训练

“实践是检验真理的唯一标准。”幼儿进行充分的实践训练是建立良好班级常规的关键。

“学为人师,行为世范。”幼儿期的典型思维方式是具体形象思维。幼儿感受着周围所发生的一切,他们看在眼里记在心里,还会模仿表现出来。因此,在班级一日常规活动中,教师必须时时、事事、处处规范自己的言行举止,要求幼儿做到的,教师自己必须首先做到,努力做好幼儿的表率。同时,同伴对幼儿的发展有不可估量的作用。一日常规活动中可以让幼儿向幼儿学习、幼儿教幼儿学习,这亦是常规培养中的有效方法。

教师要在一日常规活动中尽可能为幼儿提供动手实践的机会。教师要保持足够的耐心,等待幼儿自己动手实践,不能抱有“教你做,等你做太烦、太慢,不如自己做来得快、省事”的想法。

(三)保教密切配合,持之以恒养成习惯

幼儿园班级一日常规的建立需要教师之间密切配合,要求一致,持之以恒。尤其是对幼儿提出的要求必须保持一致、心中有数、常抓不懈,不能时有时无、顺序错乱。

幼儿园班级一日常规活动每个环节看似不相关,其实也有着千丝万缕的关系。幼儿良好的生活、卫生、学习习惯的培养,都需要教师、保育员等齐心协力、步调一致,这样才能让幼儿养成科学、合理的常规意识,营造一个有秩序的集体环境。

【实践点拨】

中、大班幼儿基本上具有较为明显的规则意识,搭班老师和保育员须密切配合,使幼儿的常规建立得更稳定。

对于初带班的老师来说,因不熟悉班级管理要求、缺乏带班经验等,在一日常规管理上容易随心所欲,如可能出现今天要求先小便再喝水,明天又说先喝水再小便。

这样无形之中给幼儿造成困扰，有的幼儿可能会指出："老师昨天说先小便再喝水。"由此，班级管理就会一片混乱。

(四)家园合力，协同坚守规则

家庭是幼儿成长的重要场所，父母是幼儿的第一任教师。陈鹤琴指出："良好习惯之养成与否，家庭教育应负完全的责任。"家庭教育对幼儿健康成长和良好习惯的养成有着重要的作用。《幼儿园教育指导纲要(试行)》指出："与家长配合，根据幼儿的需要建立科学的生活常规。培养幼儿良好的饮食、睡眠、盥洗、排泄等生活习惯和生活自理能力。"

幼儿良好习惯的培养需要家园同步，紧密合作。家园配合，能使幼儿在幼儿园养成的规则意识和获得的经验在家庭中延续、巩固，甚至发展。无论幼儿在园取得多大的进步，在家一旦松懈，可能就无法取得长期的发展。因此，作为教师，要及时了解幼儿的家庭情况，并针对不同家庭提出指导意见，让幼儿在家中也能保持良好习惯。

【实践点拨】

家园同步培养幼儿良好常规

1.巧用家园栏

在幼儿园家园栏张贴班级一日常规的相关材料，让家长入园时能看到幼儿在园生活情况和常规内容，掌握一些家庭教育方法，不断强化和发展幼儿的良好习惯。

2.合力督促习惯养成

在班级栏中设置"习惯小能手""我能做""我有好习惯"等栏目，贴上幼儿在家里自己做事情的照片，请家长帮助写上幼儿在家帮助家人做的一些事，教师在班级中大声朗读，适当给予幼儿小红花、笑脸、五角星等奖励，引导幼儿养成良好习惯，进一步强化和巩固幼儿的常规意识。

(五)合理安排过渡，适时调整规则

1.科学组织一日常规活动的过渡环节

班级一日常规活动中每个环节之间肯定会有过渡或者等待环节。教师应认真思考，尽量减少不必要的过渡环节，避免出现幼儿消极等待的现象，具体应如何做呢？一要消除不必要的过渡环节，优化一日安排。二是要科学合理安排过渡环节，促进幼

儿自我发展。教师要尊重幼儿的主体性，发挥主导作用，在一日常规中尽量避免不必要的管理行为，保证幼儿每天有适当的自主选择和自由活动的时间，逐步引导幼儿学习自我管理，让幼儿在自主活动中促进身心发展。

【实践点拨1】

一日常规活动的过渡

(1)合理调控活动空间，让幼儿分散活动。

(2)合理安排主题活动，让每个幼儿有事可做。

(3)丰富活动形式和内容，让幼儿对活动感兴趣。

(4)集体与分散相结合，让每个环节有衔接。

比如，“我来动手做一做”的学习活动之后，一边让幼儿自由开展制作活动，一边组织幼儿进行如厕、喝水等生活活动，既能进行人员分流，又让幼儿开心地自由活动，而不是让已完成学习活动或生活活动的幼儿无目的地等待，无所事事。

【实践点拨2】

如何做好活动间的过渡

过渡环节是指幼儿一日各项活动之间的衔接转换，是一日中各活动的“中转站”。过渡时间长短不一，晨间活动与早点之间、早点与教学活动之间、两个教学活动之间、户外活动与餐前活动之间等属于短时间过渡环节；而午餐与午睡之间、午睡与午点之间、离园之前与离园等的过渡则需要较长时间。“过渡环节”作为一种独特的教育资源，隐含着丰富的教育价值。那么教师应当如何做好活动间的过渡呢？

1. 创设良好的环境氛围

首先创设良好的物质环境，可以为幼儿提供丰富的资源，如符合不同阶段幼儿年龄特点的书籍，易于整理的玩具、材料等，让幼儿在等待时有事可做，同时又能促进其身心发展。

其次要创设良好的心理环境，教师要营造宽松、信任的氛围，教师的组织与指导要适时，要把握好度，既不能放手不管，也不能过多干涉。教师要加强幼儿的自我管理，观察幼儿的表现，适时提供帮助与引导。

2. 根据过渡时间的长短合理安排

有的过渡环节时间较长，这时教师可以安排幼儿感兴趣的活动。中、大班适宜开展棋类游戏、拼图游戏、语言游戏等;托、小班可以开展区域活动,教师也可以在这段时间里与个别幼儿交流情感,指导幼儿。时间较短的过渡环节则不适宜安排自主活动,因为幼儿需要在短时间内为下个环节做好准备,教师可以组织简单的集体活动,如限时小游戏、唱歌等活动,便于集中幼儿顺利过渡。此外,不是所有的过渡环节都是必要的。教师应当避免过分追求形式上的过渡,而忽视了幼儿的实际需要。

3.根据不同情况灵活调整

过渡环节的内容应当因时制宜,因人而异。如在午餐后到午睡前的过渡环节,教师可以先让用好餐的幼儿进行一些安静的活动,然后带领幼儿集体到校园里散步,或者在室内开设"小舞台",让幼儿轮流为大家表演节目,这样不仅能够缓和餐后的兴奋状态,还能提高幼儿的语言表达能力和思维能力。在开展大型玩具活动时,可以进行混龄游戏,让大龄幼儿和小龄幼儿一起玩耍,既帮助小龄幼儿巩固规则意识,又为大龄幼儿提供锻炼的机会。在离园环节,教师可以鼓励幼儿玩棋类游戏、猜谜等活动,让幼儿根据自己的兴趣爱好自由选择,教师可以参与其中指导他们游戏,转移幼儿的注意力,缓解其焦虑情绪。

2.适时调整常规,因材施教

建立班级一日常规的根本目的在于促进幼儿身心发展,帮助幼儿养成良好的行为习惯,实现自我管理,更好地适应集体生活。

但在实际操作过程中,因幼儿具有主观能动性和个性,并非完全按照教师安排的活动进行。有的教师将常规视为节省精力或控制幼儿的方法,一味地要求幼儿循规蹈矩,过分地追求整齐划一,封闭的空间、烦琐的要求、严格的控制、僵化的管理……不仅严重压抑了幼儿的个性发展,而且扼杀了幼儿的创造力,剥夺了他们应有的自由。

【实践点拨】

《幼儿园教育指导纲要(试行)》指出幼儿园教育应"关注个别差异,促进每个幼儿富有个性地发展"。因此,班级一日常规应根据幼儿的个性特征和实际需要灵活调整。在制订和实施常规的过程中,教师要避免过度控制和"一刀切",防止不合理的制度规范阻碍幼儿的发展。

有些幼儿体格高大,胃口偏大,而有些幼儿相对瘦小,进食偏少,这时教师就不必苛求幼儿在进食量上的统一,可根据幼儿的实际需要区别对待。如有个别幼儿没有午睡的习惯，此时，教师就不必用"必须安静午睡"的规范来要求他们，可将午睡的规范调整为"请不要影响同伴午睡"，可以让那些精力充沛的幼儿安静地自主看书或画画。总之，教师针对幼儿的个别差异所建立的常规更能体现"以幼儿为本"的宗旨，也有助于将常规要求转化为幼儿自身愿望的一部分。

任务二

班级一日生活常规

任务目标

1. 学习制订幼儿园班级一日生活常规计划。

2. 掌握幼儿园班级一日生活常规对教师、保育员的工作要求。

任务准备

1. 物质准备：纸、笔。

2. 经验准备：到幼儿园见习，对幼儿园班级一日生活常规有所了解。

工作表单

工作表单

观察记录与讨论

记录并分享在见习中观察到的幼儿园班级一日生活常规安排，小组讨论组织班级一日生活常规时对幼儿、教师和保育员的要求，以及常见的问题和解决策略。

××幼儿园一日生活常规及相关要求

一日生活常规	对幼儿的要求	对教师的要求	对保育员的要求	常见问题	解决策略
来园					
如厕					

续表

一日生活常规	对幼儿的要求	对教师的要求	对保育员的要求	常见问题	解决策略

学习支持

一、来园

(一)对教师的要求

1.形态

幼儿入园时,教师要面带微笑迎接幼儿和家长,让幼儿和家长感受到教师的热情。

2.服装

穿着便于活动的服装,可化淡妆。

3.站位

根据天气变化情况,适时调整迎接幼儿的地点,如幼儿已经进园,组织引导幼儿进入班级。

4.关心幼儿

入园时教师要注意观察、了解幼儿的情况,注意:聆听、询问、提醒。

5.与家长沟通

教师在入园时可准备留言本或留言条,将与家长沟通的重要事项进行记录,以便更加了解幼儿,推进班级一日活动的开展。如没有时间与家长进行交谈,可准备活页式的留言本,让家长把想和教师说的话、做的事进行记录。

(二)对保育员的要求

(1)热情洋溢地迎接幼儿,及时了解幼儿的情况。

(2)当班教师及时浏览家长反馈事项,与家长沟通。

(3)搭班教师主动了解幼儿情况,及时跟进家长反馈的问题。

(4)医护人员、保育员要注意检查幼儿身体健康状况。

二、如厕

(一)对幼儿的要求

1.小班

(1)有便意时,能主动告诉他人。

(2)能安静、有序如厕,不在厕所玩耍。

(3)便后请求他人帮助,以整理好衣裤。

(4)知道便后要洗手。

(5)知道大便后要用纸,学习厕纸使用方法。

2.中、大班

(1)在保育员引导下分性别如厕。

(2)学会使用厕纸,便后主动冲水、洗手。

(3)如厕后自己能整理好衣裤。

(二)对保育员的要求

1.小班

(1)引导幼儿按需大小便,饭前、外出、入睡前提醒幼儿如厕。

(2)掌握幼儿排便规律,及时帮助尿床、尿裤子的幼儿。

(3)帮助脱提裤子困难的幼儿。

(4)引导幼儿学习擦屁股、使用厕纸的正确方法。

2.中、大班

(1)组织幼儿分性别如厕。

(2)正确引导幼儿如厕,幼儿在如厕过程中出现问题时给予正确引导。

(3)指导幼儿便后独立擦屁股、整理衣裤。

(三)常见问题及解决策略

1.小班

常见问题:不敢小便、不会小便、尿裤子;便后不会自己提裤子、擦屁股。

解决策略:一是帮助幼儿熟悉厕所环境。带领幼儿参观、熟悉厕所环境,介绍男孩、女孩的如厕方式。二是保育员细心照顾。每次幼儿如厕时保证有一名保育员在旁看护,随时帮助有困难的幼儿。三是耐心引导,边帮边教。

2. 中、大班

常见问题:如厕时玩耍、打闹;便后整理衣裤不到位。

解决策略:一是通过恰当的环境创设引导,可安装穿衣镜,或张贴正确提裤子的步骤示意图,让幼儿按照示意图提好裤子并对着镜子检查;二是及时评价幼儿在如厕中的表现并正确引导。

三、餐点前准备

(一)对幼儿的要求

(1)保持平静、愉快的心情。

(2)知道餐前洗手,用餐时手要保持干净。

(3)靠边行走,不干扰其他幼儿的活动。

(二)对保育员的要求

(1)消毒餐桌。

(2)组织平静舒缓的餐前活动。

(3)指导幼儿按要求盥洗。

(4)准备餐具、餐巾,领取食物并妥善放置,不离开食物,保证食物卫生及幼儿安全。

(5)组织好幼儿,保持安静、愉快的进餐环境。

(三)常见问题及解决策略

1. 盥洗时,活动室内秩序乱

解决策略:

(1)保育员应站在盥洗室和活动室的交界处,这样既能监督盥洗室中的幼儿进行有效的盥洗,又便于观察活动室里幼儿的活动,做到两头兼顾。

(2)餐前活动应选择适合在餐桌前开展的平静而舒缓的活动,例如:手指操、讲故事、念儿歌等,使盥洗后的幼儿能随时进入活动。小班由教师引领活动,中、大班可以请幼儿引领活动，使等待的环节变得轻松愉悦，避免因剧烈活动或过度兴奋影响幼儿进餐。

（3）介绍菜品，增强幼儿的食欲。小班教师可以用生活化的语言，介绍每日午餐中的主要营养成分，以及这些营养成分的作用；中班教师可以用提问的方式，引发幼儿对食物营养的关注；大班可以由值日生播报食谱，介绍菜品。

2. 等待现象突出，占用时间过长

解决策略：

（1）在幼儿陆续洗手后，提醒幼儿自主取餐、进餐，减少等待时间。

（2）设置就餐区域，让幼儿在完成上一个环节活动后，陆续进入就餐区域取餐、进餐。

四、餐点时组织

（一）对幼儿的要求

1. 小班

（1）学习自己取餐、端餐，自己剥鸡蛋等。

（2）不含饭、不挑食、不偏食，饭菜一起吃。

（3）不边吃边玩。

（4）不吃掉在桌上和地上的食物。

（5）使用自己的餐巾，知道用餐巾擦嘴、擦手，不将油渍抹在衣服上。

（6）不乱丢食物残渣。

（7）知道收拾自己的餐具，会对应摆放。

（8）知道倾倒残渣。

2. 中、大班

（1）取餐时不拥挤，知道相互避让。

（2）不边走边吃，小心端餐，不把食物弄撒。

（3）不挑食、不偏食，饭菜一起吃，细嚼慢咽。

（4）能自己掌握饭量，不过量。

（5）不喂饭，不边吃边玩，不乱丢食物残渣，保持桌面、地面干净。

(6)能根据需要使用餐巾。

(7)进餐时不大声喧哗,不干扰他人用餐。

(8)能收拾餐具,倾倒残渣。

(二)对保育员的要求

(1)安抚幼儿情绪,组织幼儿有序取餐。

(2)取放餐具、盛饭动作轻。

(3)为每位幼儿提供餐巾。

(4)提供放食物残渣的器皿,提醒幼儿不乱丢食物残渣。

(5)不训斥幼儿,不强迫幼儿进餐。

(6)提醒幼儿不含饭、不边吃边玩。对于托、小班幼儿,可适当喂食。

(7)组织好进餐活动,提醒幼儿不喧哗、不打闹,轻拿轻放。

(8)适时巡视,提醒幼儿饭菜一起吃,鼓励其吃完自己的一份饭菜。

(9)提醒吃饭过快的幼儿要细嚼慢咽。

(10)指导幼儿正确使用餐巾、餐具(勺子、筷子、点心夹子等)。

(11)提醒幼儿收拾餐具,并分类摆放。

(三)常见问题及解决策略

1.保育员不注重就餐氛围的营造

解决策略:

(1)在就餐过程中播放幼儿喜爱的音乐,音量大小适宜。

(2)缓步巡视,小声提醒进餐较慢的幼儿不边吃边玩,提醒进餐速度较快的幼儿细嚼慢咽,对有进步的幼儿给予鼓励。

(3)保证幼儿充裕的就餐时间,就餐时间一般为30—40分钟,不催促幼儿进餐。

(4)根据各班具体情况,经常调换取饭的顺序,例如:吃得慢的幼儿先取餐,游戏胜利者先取餐,换组取餐,男生与女生分批取餐,同伴邀请取餐等,让幼儿感受到教师、同伴的关爱,体验就餐的乐趣。

2.幼儿不爱惜粮食

解决策略:

(1)通过各类活动让幼儿了解粮食来之不易,向幼儿介绍食物的来源或者制作方法。

(2)在不影响幼儿进餐的前提下,选择恰当时机进行随机教育。

(3)鼓励幼儿尽量吃完自己的一份食物。

3.幼儿挑食、偏食

解决策略:

(1)采取积极有效的方式进行干预:一是家园配合,指导家长根据幼儿作息时间调整家庭晚餐时间;二是适当搭配能锻炼幼儿咀嚼能力的食物,如粗纤维的青菜、瘦肉;三是通过情境游戏、故事、儿歌等,引导幼儿不挑食、不偏食。

(2)安排菜品时,除了营养合理搭配,还要注意色、香、味、形俱佳,吸引幼儿品尝。如把大多数幼儿不喜欢吃的食物,通过改变形状,让幼儿易于接受,减少幼儿面对不喜欢的食物而产生的畏难情绪。

(3)允许幼儿根据自己的食量和兴趣,选择适当的食物分量,鼓励幼儿分次盛饭,逐渐增加食量。

4.幼儿不会进餐,自理能力差

解决策略:

(1)小班从教使用餐具开始,让幼儿学习自己进餐。

(2)在游戏活动和生活活动中增加使用勺子的内容,帮助幼儿练习如何正确使用勺子。

(3)保育员注意巡视,指导幼儿自己取餐、进餐,餐后收拾餐具和食物残渣等,提高幼儿的自理能力。

五、餐点后组织

(一)对幼儿的要求

(1)认真漱口。

(2)不做剧烈运动。

(3)大班幼儿协助保育员做擦餐桌等力所能及的事情。

(二)对保育员的要求

(1)组织不少于15分钟的活动,但避免剧烈运动。

(2)做好午睡前的准备。

(三)常见问题及解决策略

1.餐点后不组织活动或组织剧烈运动,不利于幼儿健康

解决策略:

(1)餐后不能直接午睡,教师或者保育员要组织不少于15分钟的活动。

(2)不组织剧烈运动,保护幼儿身体健康。

2.餐点后活动时幼儿陆续进入,使得活动组织无序

解决策略:

(1)安排相对独立的空间组织餐后活动,以免与进餐的幼儿相互干扰。

(2)组织轻松、自由的活动,例如:同伴间进行拍手、聊天、谈话等,也可以是幼儿自主阅读、散步、观察等,方便后来的幼儿随时参与活动。

六、午睡前准备

(一)对幼儿的要求

1.小班

(1)在保育员帮助下有序如厕。

(2)在保育员帮助下学习脱衣裤、叠衣裤的方法,有序摆放衣裤、鞋子,养成良好的就寝习惯。

(3)学习盖被子的正确方法。

2.中、大班

(1)幼儿有序如厕。

(2)独立或同伴互助脱衣裤,掌握叠衣裤的正确方法,有序摆放衣裤、鞋子,养成良好的就寝习惯。

(3)独立铺被子,掌握盖被子的正确方法。

(二)对保育员的要求

(1)注意力集中,有序组织。

(2)各负其责,关注幼儿安全,提高幼儿自我服务的能力。

(3)关注特殊幼儿,给予特别的照顾。

(三)常见问题与解决策略

1.保育员忽略细节,易发生安全事故

解决策略:

(1)保育员应根据午睡室或盥洗室的布局,站在相应的位置,分别进行指导,且注意力高度集中,默契配合,保障幼儿的安全。

(2)提醒幼儿如厕时遵守秩序,不拥挤、不磨蹭。同时保持卫生间地面干燥,避免发生摔跤等意外事故。

(3)女孩需取下皮筋、发夹等,放在固定的位置,不带细小物品上床。

(4)提醒幼儿在午睡室内保持安静有序。午睡室有上铺的,教师要提醒、帮助上铺幼儿在床下将外套脱下放好。

2.衣物、鞋子摆放无序,杂乱无章

解决策略:

(1)小班以保育员帮助为主,保育员帮助、指导幼儿将脱下的衣裤叠好,并引导幼儿放在指定位置;中、大班以幼儿自理为主,幼儿逐渐掌握脱、叠衣裤的方法,并摆放在固定位置。

(2)鞋子摆放要整齐。可要求幼儿按同一方向整齐摆放鞋子,也可在地上贴一条线,引导幼儿将鞋子整齐摆放在线上。

(3)秋冬季节晴天时可组织幼儿将脱下的鞋子、外套等晒在走廊中,穿拖鞋进午睡室睡觉。

3.幼儿不会盖被子,导致容易受凉、床铺杂乱

解决策略:

(1)用“钻山洞”等方法引导幼儿学会盖被子。保育员提示小班幼儿,从被头处钻入被窝,保持被褥整齐;中、大班幼儿自己拉开被子,从被头处钻入,并保持被褥整齐。

(2)在幼儿睡下后要帮助幼儿适当整理被褥等。

七、入睡时引导

(一)对幼儿的要求

(1)安静入睡。

(2)保持相对正确的睡姿,不趴着睡、不蒙头睡等,养成良好的午睡习惯。

(二)对保育员的要求

(1)保持午睡室的安静。

(2)全面巡视,及时发现、处理突发情况。

(三)常见问题及解决策略

1.缺少巡视,对幼儿不良习惯及安全隐患关注不足

解决策略:

(1)要认真巡视,随时纠正幼儿的不良睡姿,对有不良睡觉习惯,如蒙头睡觉、咬指甲、吸手指、恋物等的幼儿要随时关注,并帮助其纠正和克服。

(2)保证巡视频率,不能有丝毫疏忽。

(3)要面向幼儿,便于随时关注幼儿的午睡状况,语言、动作要轻,手机调到静音状态,以免打搅幼儿睡觉。

(4)对不同需求的幼儿应予以不同的关注和干预:

①关注入睡后容易踢被子的幼儿,要及时帮他们盖好被子。

②关注小便间隔短或午餐时喝汤较多的幼儿,中途可适当叫醒其如厕,避免尿床。如幼儿尿床,及时清理,让幼儿独立或者帮助其更换备用衣裤,不责备幼儿,保护幼儿的自尊心。

③关注趴着睡或者蒙头睡的幼儿,确保口鼻露在外面,正常呼吸。

④如果幼儿睡下后咳嗽得很厉害,可让幼儿喝热水,或者轻拍其后背帮助缓解。

⑤关注幼儿的脸色,如幼儿睡觉时出现发烧等不适症状,教师要及时发现和处理。

⑥关注表现异常的幼儿。如平时特别难入睡的幼儿今天睡得特别快,有的幼儿早晨入园时身体有不适等。

2. 个别幼儿没有午睡习惯，影响同伴

解决策略：

（1）对于较难入睡的幼儿，要稳定他们的情绪，轻轻安抚或轻拍帮助其入睡；对于没有午睡习惯的幼儿，安排其进行安静的活动，如看书、画画等，使其不影响其他幼儿午睡，并和家长及时沟通，帮助幼儿逐渐养成午睡习惯。

（2）拉上窗帘、关灯，午睡室的光线要适合睡觉，不宜过暗或过亮，根据需要打开空调，营造良好的入睡氛围。

3. 幼儿睡眠时间长短不一

解决策略：

对睡眠时间较短、早醒的幼儿，保育员可让其安静躺会儿，不打扰别人，也可让其在不影响同伴的情况下，适当提前起床看书或玩玩具。

八、起床后组织

（一）对幼儿的要求

1. 小班

（1）不恋床，能找到自己的衣裤，尝试自己穿衣裤和鞋子。

（2）在保育员帮助下穿厚重的外套，学习扣纽扣、拉拉链，能分清楚鞋子的左右，遇到困难主动寻求帮助。

（3）在保育员提醒下喝水、自由活动。

2. 中、大班

（1）能逐渐熟练地穿好自己的衣裤、鞋子。

（2）同伴间相互整理，并会简单整理床铺。

（3）会主动喝水，自主选择活动。

（二）对保育员的要求

（1）注意力集中，有序组织。

（2）各负其责，关注幼儿安全，提高幼儿自我服务的能力。

(三)常见问题与解决策略

1.部分幼儿动作较慢,对成人依赖性较强

解决策略:

(1)引导幼儿学习穿衣裤的方法,鼓励幼儿自己穿衣裤,对自理能力弱的幼儿多给予帮助,避免幼儿因此产生心理压力。

(2)分析幼儿起床动作慢的原因,区别对待,采取有针对性的方法解决问题。

2.易忽略上铺幼儿下床时的安全

解决策略:

有上、下铺的幼儿园,要让睡在上铺的幼儿了解下床的方法和要求,引导其先下床再穿衣裤,确保安全下床。

3.幼儿起床后组织无序

解决策略:保育员要合理分工、配合默契,组织和引导幼儿进行活动。

九、离园前准备

(一)对幼儿的要求

(1)在保育员的提醒和帮助下,整理好自己的衣物。

(2)积极与同伴交流,大胆清楚地表达自己的想法和感受。

(3)主动参与活动,乐意与他人交往,学会互助、合作和分享。

(4)按类别整理好自己的物品。

(二)对保育员的要求

(1)保育员相互配合,鼓励并帮助幼儿整理衣物。

(2)组织幼儿进行谈话等平静舒缓的活动。

(3)组织幼儿整理物品,准备离园。

(三)常见问题及解决策略

1.保教配合不到位

解决策略:帮助幼儿整理衣物需要保育员分工配合,共同完成。保育员需准备好

相关物品，如擦手巾、温水、润肤霜等，确保安全卫生。教师需提前组织好幼儿，可采取分小组等形式有序地帮助或指导幼儿进行整理。

2.活动内容、形式单一，幼儿不感兴趣

解决策略：根据幼儿年龄特点组织幼儿感兴趣的活动，每日内容尽量不重复。

3.幼儿易出现兴奋、焦虑等情绪，发生哭闹、乱跑等现象

解决策略：对幼儿进行安全教育，组织幼儿感兴趣的活动，缓解其焦虑情绪。

4.幼儿整理物品时，容易错拿错放

解决策略：提醒、帮助、鼓励幼儿，使幼儿养成良好的取放物品的习惯。

十、集中离园

（一）对幼儿的要求

（1）将玩具、图书、小椅子等物品放回原位，带齐自己的物品。

（2）主动与教师、保育员、同伴道别，知道礼貌地说“再见”。

（3）不在活动室追逐打闹。

（4）不远离保育员的视线，不独自跑到活动室外玩耍或找爸爸妈妈。

（5）不随意跟陌生人走，知道自我保护的方法。

（二）对保育员的要求

（1）相互配合、组织有序，确保幼儿安全离园。

（2）培养幼儿良好的离园常规。

（3）做好家长沟通工作，要求家长接幼儿时不要拥挤。

（三）常见问题及解决策略

1.易出现漏接、错接等情况

解决策略：

（1）加强门卫安全保障工作，遇到没有家长接、独自离园的幼儿或可疑人员必须及时干预。

（2）准备接送卡供家长使用；

①即使家长持卡，也须再次确认家长身份，才可将幼儿交给家长。

②无卡的陌生人，不能让其接幼儿。遇到持卡的陌生人，须与家长电话确认后，才可将幼儿交给对方。

③保育员比较熟悉且忘记带卡的家长，请家长登记后，再将幼儿交给对方。

④针对托、小班或插班的新生，由于教师或保育员对家长不熟悉，即使有卡，教师或保育员也须询问幼儿，确认家长的身份，才能将幼儿交给家长。

⑤如果家长将接送卡遗失，须在第一时间向园方报告，补办接送卡。

(3)不提供接送卡的幼儿园，保育员须更加谨慎，认真核实家长身份后才可将幼儿交给家长。

(4)保育员站位要科学。应分别站在活动室口及活动室内，负责接待家长、组织幼儿有序离园、看护还没接走的幼儿，一定要让幼儿在保育员视线之中。如果活动室有两扇门，应关闭一扇门，或保育员分别站在两扇门旁边。

2.教师与家长沟通时间过长，忽视对其他幼儿的看护

解决策略：教师可和家长简短沟通，避免过长时间沟通，以免影响对其他幼儿的看护。若确实有比较紧急的事情需长时间沟通，可等到幼儿较少时再进行，或另约时间沟通。

3.家长接到幼儿后仍在园内逗留，造成意外事故、传染病交叉感染

解决策略：要求家长接到幼儿后，不带幼儿在园内逗留、玩耍。

4.家长随意进入活动室、午睡室

解决策略：要求家长不要随意进入活动室、午睡室。幼儿园可根据情况，统一安排固定时间段让家长进入，如在统一时间进入午睡室抱取被褥等。如家长临时有特殊需求，须提前与保育员或教师沟通，获得许可后方可进入。

任务三

班级一日教育常规

任务目标

1. 掌握班级一日教育常规的内容和安排。
2. 掌握组织班级一日教育常规活动对幼儿、教师的要求。
3. 掌握组织班级一日教育常规活动时的常见问题及解决策略。

任务准备

1. 物质准备：纸、笔。
2. 经验准备：到幼儿园见习，对幼儿园一日教育常规有所了解。

工作表单

工作表单

观察记录与讨论

记录并在小组内分享见习中观察到的幼儿园一日教育常规的安排，讨论组织班级一日教育常规活动对幼儿和教师的要求以及常见问题与解决策略。

××幼儿园一日教育常规及相关要求

一日教育常规	对幼儿的要求	对教师的要求	常见问题	解决策略
早操活动				
学习活动				
室内游戏活动				
户外活动				

学习支持

一、早操活动

(一)对幼儿的要求

(1)动作到位、有力。

(2)精神饱满,态度认真。

(二)对教师的要求

(1)做好早操前的各项准备,包括准备音乐,清扫场地及组织幼儿如厕、喝水和及换上合适衣服等。

(2)根据幼儿年龄特点编排不同的动作,做到结构合理。

(3)进行镜面示范,精神饱满,动作准确、有力度、有节奏。

(4)主、配班教师站位恰当。

(三)常见问题及解决策略

1.教师带操时动作不规范、力度不够

解决策略:教师应为幼儿做好表率,带操时动作必须准确到位、有力度、有节奏。

2.教师带操时忽视与幼儿的互动交流

解决策略:

(1)教师带操时要关注幼儿,发现幼儿动作不规范或注意力不集中时,要用眼神、语言及肢体动作等提醒幼儿,并适时予以纠正。

(2)对于幼儿早操中的进步,要及时给予鼓励。

(3)关注个别幼儿。对注意力不集中、多动或内向的幼儿提供个别化的指导和支持,还要特别关注有特殊需要的幼儿。

二、学习活动

(一)对幼儿的要求

1. 小班

(1)愿意参与活动,对活动有兴趣。

(2)初步养成倾听习惯。

(3)能集中一定时间的注意力。

(4)经过教师引导和帮助,愿意参与观察、操作等活动,并愿意表达。

2. 中、大班

(1)参与活动的积极性、主动性逐步提高。

(2)逐步养成良好的倾听习惯。

(3)注意力集中时间逐步延长。

(4)能主动参与探索、操作、讨论等活动,表达能力逐步提高,愿意与同伴分享、合作。

(二)对教师的要求

(1)注意五大领域内容的全面和均衡。

(2)教学活动目标、内容符合幼儿已有水平、兴趣爱好和发展需要。

(3)合理安排教学活动时间。

(4)充分做好教学活动的各项准备。

(三)常见问题及解决策略

1. 存在"小学化"倾向

解决策略:

(1)不提前教授小学的知识内容,不实施汉语拼音、识字、数字运算训练等违背学龄前儿童成长规律的教学行为,不布置文字类家庭作业,不进行机械记忆方面的训练以及任何形式的测验和考试。

(2)充分考虑幼儿的学习特点和认知规律,多采用游戏化的教学方式,让幼儿多动手操作、感知体验,避免"填鸭式""灌输式"教学。

2.五大领域内容安排不合理、不均衡

解决策略：

制订科学合理的教学计划，避免偏重某一领域或某领域的某个方面，通过多领域教学活动促进幼儿情感、态度、能力、知识、技能等方面的协调发展。

3.不能把握各领域特点，不注重各领域间的整合

解决策略：

（1）教师要认真学习《幼儿园教育指导纲要（试行）》《3—6岁儿童学习与发展指南》，深入理解各领域的核心价值、教育要点和注意事项，熟悉各领域幼儿学习与发展的典型性表现和教育建议。

（2）注意五大领域教育内容的有机联系、相互渗透。

4.形式单一，过于偏重集体教学

解决策略：

（1）在集体教学的基础上，可根据教学内容和幼儿发展需要灵活采取小组教学、个别化教学等教学活动形式。

（2）严格控制集体教学活动时间。原则上小、中班每天安排一次集体教学活动，大班在下学期进行幼小衔接主题活动时可安排每天两次集体教学活动（上、下午各一次）。根据幼儿年龄特点把握集体教学活动时间，小班15—20分钟，中班20—25分钟，大班25—30分钟。

5.教学内容选择不恰当

解决策略：

（1）充分了解各年龄段幼儿特点和幼儿已有水平、兴趣爱好及发展需要，选择既贴近幼儿生活，又具有一定挑战性的教学内容，促进幼儿有效发展。

（2）教师应参考多版本的教师参考用书，拓宽教学思路。

6.忽略幼儿年龄特点，教学活动设计不合理

解决策略：

（1）根据各年龄段幼儿特点和已有水平、兴趣爱好及发展需要，制订明确、具体、操作性强的教学目标。

(2)选择灵活多样的教学方法,引导幼儿主动有效学习。

(3)多提开放式、启发式问题,少提封闭式问题。

7.活动准备不充分

解决策略:

(1)提前认真备课,做到既备教学内容,又“备幼儿”。

(2)充分准备教具、学具,确保教学效果。

(3)提前布置活动场地,合理安排幼儿座位等。

8.不关注全体幼儿,忽视个体差异

(1)提问、操作等要面向全体,尽可能给予每个幼儿均等的机会。

(2)充分了解并尊重幼儿水平差异和个性差异,支持和引导每个幼儿向更高水平发展。

(3)保护幼儿自尊心,对于能力较弱的幼儿给予鼓励和帮助。

三、室内游戏活动

微视频:《室内游戏活动的组织》

(一)对幼儿的要求

1.小班

(1)喜欢游戏活动,愿意参与其中。

(2)能自主选择自己喜欢的游戏。

(3)具有初步的游戏规则意识,懂得遵守简单的游戏规则。

2.中、大班

(1)对游戏活动有兴趣,积极参与游戏。

(2)游戏水平、操作能力、合作能力等逐渐提高。

(3)具有良好的游戏规则意识,能较好地遵守游戏规则。

(二)对教师的要求

(1)能根据幼儿的年龄特点和兴趣等组织开展各类游戏活动。

(2)创设丰富适宜的游戏环境。

(3)提供丰富的游戏材料,做到种类全面、数量充足、材质多样。

(4)恰当指导幼儿游戏,不干扰幼儿游戏。

(5)能根据幼儿的兴趣、水平和需要及时调整游戏内容和形式。

(三)常见问题及解决策略

1.轻游戏重教学,游戏时间得不到保障

解决策略:

(1)科学、合理地安排和组织一日活动。合理安排游戏时间,确保室内游戏每天不少于1小时。

(2)保证足够的单次游戏时间。如区域游戏小班每次不少于40分钟,中、大班适当延长。

2.游戏种类较少

解决策略:

(1)组织开展各类游戏活动,避免只重视规则游戏,忽略创造性游戏。

(2)深入研究区域活动,改变区域活动材料的玩法,强调材料的多功能性和可变性,使区域活动吸引更多幼儿。

3.游戏空间利用不充分、划分不合理

解决策略:

(1)充分利用活动室、午睡室的走廊、平台等空间,开展各类游戏活动。

(2)根据空间特点、游戏内容、材料等合理划分游戏空间,便于幼儿游戏。

4.游戏材料不够丰富,层次性、目的性较差

(1)通过购置、收集、制作等多途径丰富游戏材料,做到游戏材料种类全面、数量充足、材质多样。

(2)根据游戏需要,鼓励幼儿家长参与制作游戏材料。

(3)多提供低结构的半成品材料,少提供高结构的成品材料。

(4)材料投放要有目的性,应根据幼儿的兴趣和水平逐步有序投放。

5.幼儿在游戏中缺乏自主性

解决策略:

(1)充分尊重幼儿的意愿,不指定幼儿进行游戏。

（2）充分尊重幼儿的兴趣、实际经验和发展需要，在游戏过程中给予必要的帮助，不干扰或影响幼儿游戏。

6. 教师指导幼儿游戏水平较低

解决策略：

（1）采用多种方式适时介入幼儿游戏，并进行适宜指导。

（2）认真观察幼儿的游戏表现，正确解读幼儿的游戏行为，根据幼儿兴趣、能力及时调整游戏内容、游戏材料等。

（3）重视游戏评价，灵活采用不同的游戏评价方式，如幼儿自主评价、同伴互评、教师讲评等，也可借助照片、视频回放等形式进行评价。

四、户外活动

（一）对幼儿的要求

（1）穿宽松的衣裤及合脚的鞋子，不穿有绳子的衣服，女孩活动时不戴头箍等。

（2）在快速奔跑时，不低头猛冲，以免与别人碰撞、摔伤；不推搡别人和追逐跑；上、下楼梯时不手拉手；运动时，和别人保持适宜距离；不用运动器械挥击别人等。

（3）游戏人数较多时，要学会在旁边等待；在交换游戏场地时，要按游戏线路行走；夏天天气炎热时，知道在树荫下等阴凉处活动；不擅自离开集体等。

（二）对教师的要求

（1）穿运动服、平跟鞋，不披散长发。

（2）加强对幼儿的观察与指导，选择便于监护的适宜位置，随时走动巡视，适时指导幼儿活动，确保每个幼儿在自己的视线范围内，谨防发生意外。发现幼儿有危险动作时要及时制止，并进行必要的安全指导和安全教育。

（3）活动前要加强对活动场地的巡视、检查，不遗漏每一个角落，及时发现场地的安全隐患，及时上报、处理。

（4）注重活动动静交替，科学安排运动量，防止幼儿运动量过大或者突然剧烈运动造成拉伤、扭伤或身体不适等。

（5）保证幼儿足够的户外体育活动时间。

(三)常见问题及解决策略

1.户外活动时间不足,阴雨天不组织户外活动

解决策略:

(1)合理安排户外活动时间,要保证每天不少于2个小时的户外活动时间,既不宜集中,也不宜过于分散。过于集中,幼儿易疲劳,失去兴趣;过于分散,幼儿不能充分活动,达不到锻炼身体、增强体质的目的。

(2)不同季节安排不同活动。夏季不宜在强光下进行户外活动,尤其避免在上午10点至下午4点之间组织幼儿长时间在户外进行高强度活动,防止幼儿中暑和紫外线灼伤其皮肤。夏季户外活动的时间也不宜过长,每次活动控制在30分钟左右,还要做到动静交替,活动一段时间后,可组织幼儿在阴凉处休息。冬季日照时间短,户外活动宜安排在上午9点之后、下午午睡起床后。

(3)阴雨天坚持开展户外活动。要利用幼儿园自身场地的特点,充分利用走廊、门厅、长廊、屋顶平台等,合理安排活动场地,保证阴雨天时户外活动正常进行。

2.户外活动内容单一,幼儿兴趣不高

解决策略:

根据幼儿年龄特点,选择适宜的活动内容,做到户外活动游戏化。

3.活动器械不够丰富,不符合幼儿年龄特点

解决策略:

要根据幼儿的年龄特点和发展需求,提供数量充足、种类丰富、功能各异的活动器械,让幼儿自由选择。还可根据幼儿的实际发展需要,自制活动器械。

4.户外活动安排随意,无计划

解决策略:

要有计划地进行户外活动。每次活动前,必须围绕幼儿的年龄特点和发展需求制订计划,保证活动的有效性和安全性。

5.保教结合不到位,保育工作跟不上

解决策略:

(1)引导幼儿根据活动情况及时增减衣服。

(2)掌握好运动量。

(3)关注个体差异。

(4)重视准备活动与放松活动。

项目评价

主题	内容	优秀	良好	一般	较差	很差
学习态度	能准时参加所有学习任务,完成工作表单	5	4	3	2	1
专业知识	理解幼儿园班级一日常规的内涵,掌握幼儿园班级一日常规的内容、要求与安排	5	4	3	2	1
研讨精神	积极参与讨论,对其他人的发言能提出合理的分析和见解	5	4	3	2	1
团队协作	能很好地融入课堂小组讨论,共同推进学习进程	5	4	3	2	1
沟通交流	能够清晰准确地表达自己的观点,与他人交流时态度、语气恰当	5	4	3	2	1
人文素养	掌握幼儿园班级一日生活常规与教育常规的内容和要求,增强一日常规管理的意识和能力	5	4	3	2	1
信息素养	会检索幼儿园班级管理相关文献,主动阅读学前教育专业相关文献	5	4	3	2	1
实践应用	针对幼儿园班级一日常规管理中存在的问题,能够提出合理的解决策略	5	4	3	2	1
自我小结						

项目小结

本项目中，我们学习了幼儿园班级一日常规安排与管理。幼儿园一日常规管理要遵循符合幼儿特点、提出合理规则要求的原则，提供榜样示范、充分进行实践训练的原则，保教密切配合、持之以恒养成习惯的原则，家园合力、协同坚守规则的原则，合理安排过渡、适时调整规则的原则。幼儿园班级一日生活常规涉及来园、如厕、餐点前准备、餐点时组织、餐点后组织、午睡前准备、入睡时引导、起床后组织、离园前准备、集中离园等环节，每个环节对幼儿、保育员有不同要求，出现问题时要及时解决，确保一日生活常规正常进行，让幼儿养成良好的生活习惯。幼儿园班级一日教育常规包括早操活动、学习活动、室内游戏活动、户外活动对幼儿和教师的要求，每个活动都应倡导“以幼儿发展为本”的理念，从生活习惯、规则意识、学习能力、情感意识等方面为幼儿发展奠定基础。通过本项目的学习，结合见习时发现的问题，掌握幼儿园一日常规管理中的教学技巧、保育技巧，树立科学合理的班级管理理念。

直通赛证

2024年上半年教师资格证考试《保教知识与能力》

简答题

户外活动时，幼儿玩得很高兴。部分幼儿已满头大汗，脸色通红。针对这种情况，教师应该怎么做?

[解析]

(1)体育活动中应遵循适量性原则。

一切的体育活动都应当遵循适量性原则。运动的负荷量较大，会损害幼儿的身体，影响幼儿的正常发育，并且过大的运动量，会让幼儿过于劳累，可能会让幼儿产生讨厌运动的心理。严重时，甚至还可能会进一步引发运动安全事故。因此，适当的运动量就显得尤为重要。幼儿教师在组织开展体育教学活动的时候，一定要对运动量有一个全面性的把握，避免运动量过多或过少情况的出现。

(2)体育活动中应遵循安全性原则。

在运动过程中，教师要时刻关注幼儿的运动情况，避免运动过量。还要充分强调活动中的安全，不断提醒参与运动的幼儿。在幼儿情绪比较激动的时候，教师要采取有效措施调节他们的情绪。

(3)在体育活动中应有针对性的指导。

对待不同幼儿要做到不同处理。对于体温调节功能差、容易出汗的幼儿，教师就要为其准备毛巾，便于其在活动中擦汗。而对于体质差的幼儿或者刚恢复健康的幼儿，就要适当减少其活动时间和运动强度。教师只有对每个幼儿的身体状况了如指掌，才能使体育活动更好地适应每个幼儿，使幼儿得到全面、适宜、协调的发展。

(4)体育活动中应遵循主体性原则。

幼儿教师还要根据不同幼儿的特点，为他们选择合适的体育活动。在教学中，也要综合运用各种方法来增加幼儿参与活动的兴趣，进一步激发他们的主动性。

(5)体育活动应遵循日常性原则。

幼儿园每天开展2个小时左右的户外活动，其中体育活动的时间最好不低于1个小时。在安排教学活动的时候，要注意遵循一动一静的安排原则，一般在开展过比较安静的智力活动之后，可以紧接着安排体育教学活动，让幼儿劳逸结合，更好地锻炼身体。

(6)控制好活动的时间。

一般小班的集体体育活动时间为15—20分钟，中班为20—25分钟，大班为25—30分钟。

实践实训

观察记录某所幼儿园在一日常规管理过程中出现的问题，试着提出解决策略。

拓展阅读

[1]张金陵．幼儿园班级管理[M]．上海：华东师范大学出版社，2015.

[2]马亚萍，马天芮．幼儿园班级管理[M]．北京：中国人民大学出版社，2021.

[3]左志宏．幼儿园班级管理（微课版）[M].2版．上海：华东师范大学出版社，2023.

项目四

幼儿园保教管理

项目目标

知识目标

1. 理解幼儿园班级保教工作计划要求。

2. 掌握幼儿园班级日常保教和特殊保教的工作内容与方法。

技能目标

通过观察记录班级保教计划、讨论保教活动存在的问题及处理策略，提升分析、解决班级保教问题的能力。

素质目标

提升幼儿园保教管理意识，提升自我职业素养。

学习重难点

学习重点

1. 掌握幼儿园班级日常保教的工作内容及要求。

2. 熟悉幼儿园班级特殊保教的内容。

学习难点

能正确开展班级保教管理。

思维导图

- 幼儿园保教管理
  - 班级保教计划
    - 班级学期保教计划
    - 班级月保教计划
  - 班级日常保教
    - 保教常识
    - 做好日常保教工作
    - 手足口病的预防
  - 班级特殊保教
    - 高温惊厥
    - 癫痫
    - 过敏
    - 脱臼
    - 骨折、扭伤
    - 异物进入
    - 食物或其他异物卡住喉咙

任务一

班级保教计划

任务目标

1.理解班级保教计划要求。

2.制订班级学期保教计划和月保教计划。

任务准备

1.物质准备:纸、笔。

2.经验准备:到幼儿园见习,收集幼儿园班级保教计划,做好记录。

工作表单

工作表单1

观察记录与制作

观察记录见习幼儿园班级保教计划,与小组成员共同制订学期保教工作计划并填入下表。

20××—20××学年第×学期保教工作计划

班级		姓名	
班级情况分析			
本学期保教主要目标与任务			
月计划安排			

工作表单2

观察记录与制作

根据幼儿园班级保教月计划相关要求，与小组成员共同修订收集到的班级保教月计划并填入下表。

20××—20××学年第一学期11月保教工作计划

班级		姓名	
幼儿情况分析			
本月保教工作重点			
主要工作任务及措施			

学习支持

幼儿作为弱小而不成熟的生命个体，生活上需要成人给予细致照顾和帮助。同时，幼儿具有较强的模仿能力，对周围环境和生活中的事物充满好奇和探索欲望，需要成人正确引导。生活教育理论提出“生活即教育”“社会即学校”和“教学做合一”，生活是幼儿身心发展的源泉，亦是教育的追求——回归生活。幼儿教育应以幼儿的生活为基础，在一日生活常规中实施教育，在教育中渗透保育，教中有保、保中有教，保教结合。因此，幼儿园保教活动是幼儿园班级管理必不可少的部分，保教工作是有计划、有目的的工作，要按照科学的管理程序开展，以确保保教效果。

一、班级学期保教计划

班级学期保教计划是对班级管理工作的一种预设筹划，让班级工作更加有序、有效地进行。保教工作是一项有目的、有计划的工作，把班级每学期、每月、每周、每天的保教工作的目标、任务、重要事情的时间节点确认清楚，有利于提高工作效率。

（一）班级学期保教计划内容

（1）题目。

（2）班级情况分析。

（3）本学期保教工作主要目标与任务。

（4）保教月计划（把每月的大项目列进去）。

（二）班级学期保教计划内容要求

1.题目

班级学期保教计划题目表述公式：幼儿园名称+班级名称+春/秋学期保教工作计划+时限。

示例：乐乐幼儿园小（一）班春学期保教工作计划（2021年2—6月）。

2.班级情况分析

班级情况分析的目的是了解本班发展的状况，为制订保教工作的目标、任务及实施措施提供依据。其大体内容主要包括以下几个方面：

（1）与《3—6岁儿童学习与发展指南》比较，明确幼儿发展状况：哪些方面发展较好，哪些方面还需要努力。

(2)与本学期幼儿园保教工作目标和任务相比较,本班保教工作现状如何,还要做哪些努力。

(3)导致本班保教工作问题的原因分析。

(4)根据《3—6岁儿童学习与发展指南》明确本学期保教工作的主要目标和任务。

(5)明确本班各种资源情况,特别要确定本班课程资源情况。

(6)保教计划中的整体情况与个体状况。

【拓展案例】

班级情况分析示例

本班幼儿35名,男孩15名,女孩20名。经过上学期的培养,我班幼儿已经形成了一套良好的学习、生活常规。

健康方面:幼儿通过各种游戏和户外活动,身体各方面功能都得到了良好的发展。

语言方面:能有表情地复述故事,并能大胆地在集体面前播报新闻。

家长工作方面:……

存在不足:科学探究活动开展不够,幼儿主动发起问题的机会少,幼儿缺少观察、探究的意识……

3. 本学期保教工作主要目标与任务

幼儿园班级管理中的保教工作,有面向幼儿开展的,有面向家长开展的;有全园性的共同工作,有本班的特色工作;有生活、游戏、情感态度、行为知识等各方面的相关工作。

本学期保教工作中小班家长工作任务示例:

(1)通过微信平台将幼儿在园的精彩表现以照片、视频的形式发给家长。

(2)与家长共建幼儿档案:幼儿作品、幼儿在园生活和学习活动中的表现、在家有趣表现等。

(3)以公示栏和公众号的形式向家长提供每周保教信息及需要家长合作支持的事项。

(4)利用接送环节与家长沟通交流幼儿在园、在家的表现。

4.保教月计划

把保教工作的各项任务具体到某月,时刻提醒自己任务和时间。

【拓展案例】

大班保教月计划

2月份

(1)搞好班级卫生,迎接幼儿入园。

(2)制订班级保教工作计划和学期保教目标。

(3)做好新学期开学保教工作准备。

(4)安排本学期的教室,布置班级环境。

(5)召开本班新学期家长会,增添、更换区域材料。

3月份

(1)参加幼儿园保教工作评比、早操评比和环境布置检查等。

(2)做好“三八”妇女节活动的保教工作。

(3)积极组织亲子植树活动,做好保教工作安排。

(4)商讨并确定“六一”活动内容,做好保教工作安排。

4月份

(1)确定幼小衔接每周主题,确保保教工作正常开展。

(2)准备亲子自制小书比赛,做好保教工作安排。

(3)确定幼儿到小学参观活动方案,做好保教工作安排。

5月份

(1)做好保教工作,迎接家长开放周。

(2)专题讲座:幼小衔接中的家长工作。

(3)组织全班幼儿照毕业照。

6月份

(1)准备毕业典礼活动,做好保教工作安排。

(2)做好幼儿毕业前准备工作。

(3)发放幼儿毕业手册。

(4)做好期末保教工作总结。

5.撰写班级学期保教计划注意事项

班级学期保教计划制订的程序：

第一步，确定本学期班级保教工作要达到的目标。

第二步，确定达成本学期班级保教目标要完成的任务。

第三步，确定本班幼儿发展及家长工作情况、教育资源情况。

第四步，确定本学期保教工作目标与班级当前情况的差距及需要哪些条件。

第五步，确定开展哪些活动，如何开展，利用或创造哪些条件以达到本学期班级保教工作目标。

二、班级月保教计划

班级月保教计划是学期保教计划下的分解计划，主要在总结上月班级保教目标实现情况的基础上，提出实现本月保教目标和任务，包括上月保教情况分析，本月保教重点目标，主要活动措施及活动内容。月保教计划，让幼儿教师明白本月保教重点工作，不遗漏项目，提前做好相应准备。

制订班级月保教计划应该注意：

(1)基于学期保教目标与任务；

(2)注意与上月保教工作的衔接；

(3)根据具体情况适当修订保教计划；

(4)确保每月有主题、有重点。

任务二

班级日常保教

任务目标

1. 掌握幼儿园班级日常保教的工作内容与方法。

2. 学会合理安排幼儿园日常保教活动。

任务准备

1. 物质准备：纸、笔。

2. 经验准备：到幼儿园见习，观察记录幼儿园班级日常保教活动。

工作表单

工作表单

观察记录与讨论

在幼儿园见习时，观察记录班级日常保教活动，与小组成员一起讨论组织保教活动的注意事项。

活动名称	保教活动记录	注意事项
体检		
因病缺席记录		
手足口病预防		
……		

学习支持

一、保教常识

(一)体检

(1)新入园的幼儿必须持有体检卡及预防接种卡,并且体检合格后才能入园。一般要求幼儿在入园前一个月内到所在地医院进行体检。

(2)协助幼儿园保健教师做好班级幼儿的年度体检(包括尿检、血红蛋白检查、视力检查等项目),若体检中发现问题,要及时告知幼儿家长,并提醒家长带幼儿到相关医院检查、复诊;了解基本的健康数据以及数值的含义。

(二)预防接种

(1)提醒家长做好幼儿的预防接种工作。同时教师也要认真阅读幼儿预防接种卡上的各类信息,如幼儿是否为过敏体质等。

(2)协助保健教师做好幼儿漏种登记工作。

(三)特殊幼儿管理

(1)了解可能导致幼儿体弱的原因,主要有肥胖、缺铁性贫血、营养不良、生长迟缓、佝偻病、先天性心脏病等。

(2)保护幼儿和家长的隐私,不在公开场合发布信息、讨论幼儿生长发育情况。

(3)根据每年体检结果,保健教师重新整理班级体弱幼儿名单,建立体弱幼儿档案,班级教师要知晓自己班级的体弱幼儿名单和具体情况。

(4)配合幼儿园保健教师针对体弱幼儿开展矫治工作。

(5)不擅自接收家长带来的药品,如幼儿确实需要服药,药品应交由保健教师保管,且做好登记。幼儿离园时务必提醒其将药品带回家,严格执行幼儿药品不在园内过夜制度。

二、做好日常保教工作

微视频：《班级日常保教要点》

（一）做好幼儿的全天观察记录

1.来园时与家长交流

（1）发现幼儿情绪异常，应及时和家长沟通，了解相关情况，妥善处理，并做好记录。

（2）如果前一天幼儿在园或在家发生了特殊情况，教师应利用晨间接幼儿的机会，与家长、幼儿简单交谈，并做好记录和处理。

2.采取措施，防患于未然

防止患有传染病或病情未好的幼儿进入班级，必须持有医院相关证明才可回班；发现疑似传染病患儿应在第一时间上报保健教师及园领导，采取应急措施。

3.做好幼儿的全天观察记录工作

做好观察记录，掌握班级中特殊幼儿，比如身体不适或正在服药的幼儿的情况。

（二）因病缺席幼儿要登记

（1）及时了解班级中未来园幼儿的情况，做好班级中因病缺席幼儿登记工作。

（2）及时对未来园幼儿进行家访，可以是电话家访，也可以联系家长上门家访。

（3）日常沟通中要求家长及时传递幼儿不来园的信息及原因，以便做好班级相关工作，如消毒、隔离等。

（三）预防接种与服药幼儿多观察

（1）对于当天预防接种的幼儿，要相应地减少其运动量，按照规定提醒其喝水或少喝水等。

（2）对于服药的幼儿，要观察其在日常活动中的情况，如餐点前后、运动前后、午睡前后等，及时提供帮助。

（3）倾听、重视身体不适幼儿的口述。根据幼儿口述的情况，及时请保健教师检查，做出判断是否联系家长进行进一步的检查、诊断，同时应避免引发家长不必要的恐慌。

（4）离园时及时和家长交流，反馈幼儿在园的情况，以便家长后续处理。

(四)日常体弱幼儿的护理

(1)根据天气变化,帮助幼儿及时增减衣物。

(2)延长睡眠时间,督促幼儿保持足够的睡眠时间。

(3)根据身体状况,及时调整幼儿运动量,保证户外锻炼时间。

(4)根据矫治需要,安排幼儿进餐:督促肥胖幼儿午餐时先喝汤,再吃饭;营养缺乏幼儿在午餐、午点后添食,增加食物种类或者食物量。

三、手足口病的预防

手足口病在热带和亚热带地区一年四季均可发生,在温带地区冬季感染较少,夏、秋季5—7月可有一明显的感染高峰,多见于儿童,尤其是5岁以下儿童。

手足口病是由一组肠道病毒引起的急性传染病,潜伏期一般3—7天,没有明显的前期症状,多数人突然起病,初期可能有轻度上呼吸道感染症状。轻症者发病期主要以手、足、臀皮疹及口痛为特征,手、足、口病损在同一患者身上不一定全部出现,水疱和皮疹通常会在一周内消退。

搞好幼儿个人、家庭和幼儿园的卫生是预防本病感染的关键,基本措施就是洗手以及健康的生活方式。在本病流行期间,尽量不带幼儿到人群聚集、空气流通差的公共场所。同时,根据幼儿生活环境中是否有手足口病例发生,以及与手足口病患儿接触的密切程度,采取不同的预防措施。常说的“十五字”预防是指:常洗手、勤开窗(通风)、喝开水、食熟食、晒衣被。由于引起手足口病的病毒种类是非常多的,而手足口病疫苗只是针对其中的一种病毒,所以关键是做好日常生活中的预防。

任务三

班级特殊保教

任务目标

1. 掌握幼儿园班级特殊保教工作的内容与方法。

2. 学会组织幼儿园班级特殊保教活动。

任务准备

1. 物质准备：纸、笔。

2. 经验准备：到幼儿园见习，观察记录幼儿园班级特殊保教活动。

工作表单

工作表单

观察记录与讨论

在幼儿园见习时，观察记录班级特殊保教活动，与小组成员一起讨论组织特殊保教活动的注意事项。

	特殊保教活动记录	注意事项
高温惊厥		
癫痫		
过敏		

学习支持

一、高温惊厥

高温惊厥是幼儿常见的一种急症。高温惊厥一般发生在体温骤升到39 ℃及以上时，患儿可能会出现意识丧失，全身对称性、强直性阵发痉挛，还伴随双眼紧闭、斜视、上翻等。

（一）处理办法

保持患儿呼吸道畅通，使其平卧，头偏向一侧，托起下颌，防止舌根后坠堵塞呼吸道。用拇指按压人中，并进行物理降温，同时立即送医院或拨打120急救。

（二）预防措施

幼儿入园前，保健教师询问家长或请家长及时告知幼儿有无高温惊厥史。加强全日观察，一旦发现幼儿发热，立即进行物理降温并及时送往医院就医。

二、癫痫

癫痫俗称“羊角风”，是由大脑神经元突发性异常放电导致短暂性的大脑功能障碍的一种慢性疾病。

（一）处理方法

应立即扶住患儿，尽量让其慢慢倒下，以免跌伤。趁患儿未紧闭嘴之前，迅速将软布等垫在患儿上、下齿之间，预防咬伤舌头。对于已经倒地且面部着地的患儿，应马上将其翻身，以免呼吸道堵塞。如此时患儿已牙关紧闭，不可强行撬开，否则易造成牙齿松动脱落。可揭开患儿衣领和裤带，尽量使其呼吸畅通。为防止呕吐物被吸入气管，应始终守护在患儿身旁，随时擦除呕吐物。及时就医或拨打120急救。

（二）预防措施

幼儿入园前，保健教师询问家长或请家长及时告知幼儿有无癫痫史。加强全日观察，若发现幼儿发生此症，立即处理，并及时送往医院就医。

三、过敏

过敏是指对某些物质（如花粉、某些食物或药物）、境遇（如精神情绪激动）或物理状况（如受冷）所产生的超常的或病理的反应。

（一）处理方法

发现有过敏原及时隔离或消除，如患儿已过敏，带其离开过敏原或让其不再接触过敏原。

（二）预防措施

幼儿入园前，保健教师询问家长或请家长及时告知幼儿有无过敏史。如果发现环境中有过敏原，马上隔离或及时就医。如幼儿对餐点中的某些食物（如虾等海鲜）过敏，则调整食谱；若幼儿对花露水过敏，被蚊虫叮咬后不能抹花露水，改为涂抹其他止痒药；等等。

四、脱臼

脱臼也称关节脱位，是指构成关节的上下两个骨端脱离了正常的位置，发生了错位。

（一）处理方法

一旦发生脱臼，首先安抚患儿让其冷静下来，然后用正确的固定方法将患处固定好，并立即送往医院进行处理。注意在处理过程中，不要随意移动脱臼部位，以免二次伤害。

（二）预防措施

幼儿入园前，保健教师询问家长或请家长及时告知幼儿有无脱臼史，家中经常采用的处理办法有哪些。加强全日观察，若发现幼儿发生脱臼，立即处理，并及时送往医院就医。

五、骨折、扭伤

(一)急救措施

骨折是常见的小儿外伤之一，大多数是由摔倒或运动所致。骨折后可能出现患肢局部疼痛和肿胀，移动患肢时加重。扭伤关节可出现肿胀和瘀青。在不确定是否骨折时，可以采取以下急救措施：

(1)确保现场环境安全，拿到急救包。

(2)用干净的敷料盖住开放性伤口。

(3)受伤部位冰敷或冷敷(3岁以下幼儿用冷敷，3岁以上幼儿可以冰敷)。注意：冰袋和皮肤之间要隔一条毛巾，冰敷时间不可超过20分钟。

(4)需要立即拨打120的紧急情况：存在大的开放性伤口，受伤部位异常弯曲，骨折以下部位的手或脚发紫或变冷，以及教师不知道如何处理时。

(5)夹板固定。夹板可以保护肢体避免不必要的移动，直至到达医院就诊。通常夹板应该由医务人员来固定。杂志、护腿板、卷起的毛巾或木头块都可以用来做夹板。用夹板绑住受伤部位进行固定。夹板最好超出受伤部位，能够支撑伤口上方和下方的关节。如果受伤部位正在流血，请先对伤口进行加压止血并覆盖敷料，然后视实际情况进行夹板固定，注意在夹板和受伤部位之间垫软布或敷料，以增加受伤者的舒适度。

(二)注意事项

(1)如果受伤部位很疼，患儿在接受医务人员检查之前应避免活动。

(2)年龄小的幼儿受伤后，教师判断其是否骨折尤其困难，即使患儿肢体能移动，也可能骨折。注意观察有无水肿、疼痛、运动受限等表现，如果怀疑骨折，马上送医院诊治。

(3)如果患儿腿部骨折，不要试图自行移动，叫救护车等待急救人员运送。

(4)没有征求儿科医生的意见前，先不要给幼儿吃东西、喝饮料或服用止痛药。因为如果幼儿需要急诊手术，那么吃喝东西都会增加麻醉的危险性，而止痛药可能因药物相互影响而对接下来的治疗产生干扰。

(5)如果有开放性外伤，可用无菌敷料覆盖伤口压迫止血。不要试图将骨折处推回原位(复位)，未经正规训练者不要使用止血带。

六、异物进入

在日常活动中，若幼儿将异物弄进耳朵或鼻孔里，教师千万不能慌乱。异物进入耳鼻后幼儿会恐惧大哭，如果教师再不冷静，幼儿会更没有安全感。在意外出现的时候，教师须冷静、沉着应对。

（一）小虫进入幼儿的耳朵后的处理方法

在户外活动时，常会发生小虫进入幼儿耳朵的事情，严重时会损伤耳膜，导致耳聋。小虫进入耳朵后，教师可以采取以下几种办法：

（1）用手使劲按住没有小虫的那只耳朵，以促使小虫倒退出来。

（2）用香烟的烟雾把小虫熏出。

（3）向耳内滴少许芝麻油或色拉油，使小虫淹毙或逃出。

（二）异物进入幼儿鼻子的处理方法

幼儿的好奇心特别强，经常会有个别幼儿将身旁的东西如豆类、扣子、弹球、橡皮擦等放入自己或他人的鼻孔里。异物进入鼻子，若时间太久容易导致鼻子发炎，所以应尽快将异物取出。教师可以采取以下几种方法：

（1）若异物在鼻内深处，从外面无法看见时，不要强行取出，应送往医院就诊，请耳鼻喉科医生处理。

（2）若异物有一部分露出鼻孔，先让幼儿安静坐好，再用圆头小钳子轻轻地取出。要注意的是，若幼儿乱动，很容易伤到鼻黏膜或是把异物推入更深处，所以对于好动的幼儿，最好不要使用上述方法，否则可能会有反效果。

（3）堵住没有异物进入的鼻孔，用力擤鼻子，或用纸条刺激鼻黏膜，使幼儿借着打喷嚏将异物喷出鼻外。

（三）幼儿眼睛里进入异物后的处理方法

如果发现有煤屑、沙子进入幼儿的眼睛里，教师要用语言提示幼儿千万不要用手去揉眼睛，让幼儿等待教师帮助取出或带去看医生。

教师可以尝试采取下列方法：

（1）异物进入眼睛便会引起流泪，这时可以用手指捏住眼皮，轻轻拉动，使泪水进入有异物的地方，将异物冲出来。

(2)可以用食指和拇指捏住眼皮的外缘,轻轻向外提翻,找到异物,用嘴吹气轻轻吹出异物,或者用干净的手帕轻轻擦掉异物。翻眼皮前要注意将手洗干净。

(3)如果眼中的异物已经嵌入角膜,或者发现别的异常情况,千万不要自行处理,必须请医生处置。

七、食物或其他异物卡住喉咙

食物或其他异物卡住喉咙并不少见,如果卡得比较浅,咳嗽一下就能出来。幼儿自我保护能力较差,日常应以预防为主,照护人要告知幼儿吃东西时不能大声说笑。若幼儿发生食物或其他异物卡住喉咙时,首先要及时送往医院,并在医嘱下及时开展科学自救。

急救对象是3岁以下幼儿:

教师应该马上把幼儿抱起来,一只手捏住幼儿颧骨两侧,手臂贴着幼儿的前胸,另一只手托住幼儿的后颈部,让其脸朝下,趴在教师膝盖上。在幼儿背上拍15次,并观察幼儿是否将异物排出。

急救对象是3岁以上幼儿:

教师站在幼儿背后,用两手臂环绕幼儿的腰部。然后一手握拳,将拳头的拇指一侧放在幼儿胸廓下和脐上的腹部。再用另一手握成拳头,快速向上重击压迫幼儿的腹部。重复以上手法直到异物排出。

项目评价

主题	内容	优秀	良好	一般	较差	很差
学习态度	能准时参加所有学习任务,完成工作表单	5	4	3	2	1
专业知识	掌握幼儿园班级保教计划要求,掌握幼儿园班级日常保教和特殊保教的工作内容与方法	5	4	3	2	1
研讨精神	积极参与讨论,对其他人的发言能提出合理的分析和见解	5	4	3	2	1
团队协作	能很好地融入课堂小组讨论,共同推进学习进程	5	4	3	2	1
沟通交流	能够清晰准确地表达自己的观点,与他人交流时态度、语气恰当	5	4	3	2	1

续表

主题	内容	优秀	良好	一般	较差	很差
人文素养	能够关注幼儿园班级保教活动，增强科学保教意识	5	4	3	2	1
信息素养	会检索幼儿园保教管理相关文献，主动阅读学前教育相关文献	5	4	3	2	1
实践应用	能根据相关理论评析保教活动组织情况	5	4	3	2	1
自我小结						

项目小结

通过本项目的学习，我们了解了幼儿园班级保教工作的相关要求。幼儿园班级保教计划分为班级学期保教计划和班级月保教计划，学期保教计划是对整个学期保教工作的安排部署，月保教计划则为具体每月保教工作的安排，撰写保教计划的过程中需要注意目标、任务、家长工作、条件、资源等情况。班级日常保教重点在体检、预防接种、特殊幼儿管理三个环节，做好日常保教工作要注意做好幼儿全天观察记录、因病缺席幼儿登记、预防接种与服药幼儿观察、日常体弱幼儿护理四个方面，还要做好手足口病的预防。班级特殊保教需要掌握高温惊厥，癫痫，过敏，脱臼，骨折、扭伤，异物进入，食物或其他异物卡住喉咙等的处理办法和预防措施。本项目的学习，要结合在见习和小组合作学习中观察记录的案例，尝试分析处理幼儿园班级保教活动中的常见问题，针对存在的问题提出解决策略，掌握幼儿园保教技能。

直通赛证

2023年上半年教师资格证考试《保教知识与能力》

1. 下列几种意外事故，不正确的处理方式是（　　）。

A. 有小飞虫进入幼儿眼里，翻开眼皮后用海绵签轻轻擦去

B. 幼儿跌倒后有轻微的擦伤，对伤口清洗去污，涂上消毒药品

C.幼儿鼻内进了小珠子、豆粒等圆滑异物,用镊子去取

D.幼儿被蜜蜂轻度蜇伤后,在伤口涂淡碱水或肥皂水等弱碱性液体

[答案]C。

2.《托儿所幼儿园卫生保健工作规范》规定，1—3岁儿童每年健康检查的次数是(　　)。

A.1次

B.2次

C.3次

D.4次

[答案]B。

实践实训

观察记录见习幼儿园保教活动中的问题,试着提出解决策略。

拓展阅读

[1]陈胜男.幼儿园教师保教实施质量自评的行动研究——以上海C园师幼互动质量为例[D].上海:上海师范大学,2022.

[2]吴宇.保教结合背景下幼儿园生活活动中“教师保育”研究[D].福州:福建师范大学,2021.

[3]马玉珂.保育为何?保育何为?——一位保育员的教育叙事[D].兰州:西北师范大学,2022.

项目五

幼儿园安全管理

项目目标

知识目标

1. 理解幼儿园班级一日生活中的安全管理内容。
2. 掌握幼儿园突发事件的应急处理方法。

技能目标

通过情景模拟和实训，提高幼儿园班级安全管理的能力。

素质目标

树立正确的幼儿园班级管理理念，提升从事幼儿教师职业的能力。

学习重难点

学习重点

掌握幼儿园班级一日生活中的安全管理内容。

学习难点

掌握幼儿园突发事件的应急处理方法。

思维导图

- 幼儿园安全管理
  - 幼儿园班级安全管理
    - 幼儿园安全事故
    - 幼儿园一日生活安全管理
    - 幼儿安全教育内容
  - 幼儿园突发事件应急处理
    - 突发事件的概念
    - 突发事件产生的原因
    - 突发事件预防措施
    - 幼儿园常见小意外与应对方法
    - 幼儿园安全事故预防措施
    - 突发事件的善后处理

任务一

幼儿园班级安全管理

任务目标

1. 理解幼儿园班级一日生活中的安全管理内容。

2. 掌握幼儿安全教育方法。

任务准备

1. 物质准备:纸、笔。

2. 经验准备:对幼儿园班级安全管理有所了解。

工作表单

工作表单

收集整理与思考

根据自己的学习、见习经验,谈一谈幼儿在园的安全管理与幼儿安全教育有哪些内容,并填写在下表中。

项目	幼儿在园安全管理	幼儿安全教育
主要内容		
注意事项		

学习支持

一、幼儿园安全事故

幼儿园安全事故是指入园幼儿在园期间和幼儿出园集体活动而处于幼儿园管理范围内所发生的人身伤害事故。它主要包括幼儿在幼儿园发生的人身伤害，也包括不在园内，但属于幼儿园组织的活动（如春秋游、节日庆祝活动等）中发生的安全事故。

造成幼儿安全事故的原因主要有五个方面：

（1）幼儿园管理：教师玩忽职守，责任心差，规章制度不健全。

（2）幼儿园设施设备：设施设备老化、破损，安全防护措施不到位。

（3）幼儿自身：安全意识弱，体质可能比较特殊。

（4）家庭教育：家长教育不当，幼儿存在不良的生活习惯，心理承受能力差。

（5）其他原因：不可抗力或无关人员突发事件等。

二、幼儿园一日生活安全管理

（一）接送安全

微视频：
《一日生活中安全点》

（1）教师按时到岗，检查教室内有无安全隐患。认真接待来园的幼儿，观察幼儿的脸色，询问家长幼儿的身体情况，禁止幼儿携带细小、尖锐等危险物品，如有发现，应及时请家长带回或代为保管。不接受家长给予的幼儿口服药，提醒并要求家长按照规定交给幼儿园保健教师。

（2）家长要亲自将幼儿送到班级教师手中，不允许幼儿自己入园，防止幼儿在园内自由走动或玩耍时出现意外。对自己入园的幼儿，教师要及时和家长沟通，向家长提出安全要求。

（3）对于因家长原因到园比较早的幼儿，教师要及时询问家长，检查幼儿相关情况，做好交接工作。

（4）对于新入园的幼儿、情绪不好的幼儿或特殊幼儿要重点关注，防止跑失。

（5）教师要组织好幼儿的晨间活动，不能只顾与家长交流而忽略了已来园的幼儿。

(6)带班时间不接听私人电话,以幼儿为中心,视线不离开幼儿。

(7)离园时要把幼儿交至家长手中,对于有特殊情况的幼儿,如生病的幼儿、当天表现异样的幼儿、与其他幼儿发生纠纷的幼儿等,须第一时间告知家长,详述幼儿在园情况,并提出希望配合的要求和具体方法。

(8)如不是家长来接或更换了日常接送人员,家长应提交书面说明或电话与教师提前联系,教师核对来接者身份之后,才能把幼儿交给其带走。未成年人不得接送幼儿。

(9)教师要及时登记送至晚护导处幼儿的信息(班级、姓名、联系电话等),当面与晚护导教师交接,对于有特殊情况的幼儿,请晚护导教师告知幼儿家长或教师自己直接电话联系幼儿家长。

(二)交接班安全

1.早晚班教师交接

班级教师早晚班交接要严格执行安全交接程序,如口头向接班的教师交流上午幼儿的整体情况,认真填写交接班记录,记录幼儿出勤情况、健康状况、情绪情况以及对有特殊情况的幼儿的注意事项等;对因病缺席或在园发生轻微事故的幼儿,应在交接时特别指出,一是明确责任,二是提醒接班教师注意照顾,三是便于把事情经过及时向家长解释和交代清楚,消除家长误会,减轻家长焦虑。

2.代班时的交接

遇到临时代班情况时,第一时间与需代班的班级教师进行交流,询问班级幼儿整体情况及需要特别注意的事项,以便安全开展代班工作。

(三)盥洗、如厕安全

(1)盥洗、如厕时,教师要站在盥洗室或卫生间门口组织好幼儿,监督幼儿.不让其在盥洗室或卫生间内推、跑,教育幼儿不拥挤,按顺序盥洗、如厕。

(2)教幼儿用小水流洗手,防止溅到身上,洗完后随手关好水龙头。保持盥洗室、卫生间地面干爽,以免幼儿滑倒。

(3)教幼儿正确使用洗涤用品,教育幼儿不拥挤,以防幼儿在水池或便池边跌倒、碰撞。

(4)消毒液、洗涤剂和杀虫剂等应放置在幼儿接触不到的地方,并妥善保管好。切记教室内不得存放有毒有害物品。

(四)进餐安全

(1)热源(如保温桶、热饭、热菜、热汤等)不得进班,避免幼儿接触热源。

(2)幼儿饭菜的温度要适宜,汤、饭、菜等应放在安全的地方,避免烫伤幼儿。

(3)分发食物时不要越过幼儿头顶传递,应从侧面送给幼儿。

(4)提醒幼儿细嚼慢咽,吃饭时不大声喧哗。

(5)引导幼儿用餐完毕后及时漱口。一是保持口腔卫生,二是出于安全考虑,避免幼儿把饭菜含在口中。

(五)室内活动安全

(1)随时注意观察幼儿的活动情况,发现问题及时、妥善处理。

(2)教学活动前,要对学具、教具、玩具及活动场地等进行检查,对不利于幼儿活动和有安全隐患的物品要及时清理。

(3)在活动中要教幼儿掌握正确的活动方法和操作方法。

(4)使用电教器材时,电源插头、电线等要规范操作使用,防止幼儿触摸,用完立即切断电源并收好。

(六)户外活动安全

(1)检查幼儿的服装、鞋,做好准备工作。

(2)观察幼儿的脸色、情绪,尤其是对于有特殊情况的幼儿,要及时调整活动内容。

(3)检查户外器材,做好安全防范工作。

(4)及时清点幼儿人数。

(七)午睡安全

(1)需要特别注意有特殊情况的幼儿,如正在服药的幼儿、脸色不好的幼儿等。

(2)按时、及时巡视,不得擅自离开卧室。

(3)留意幼儿睡姿、枕边有无小物件(如发卡、小玩具等)。

(4)注意睡上铺的幼儿上、下床的安全。

三、幼儿安全教育内容

(一)交通安全教育

(1)引导幼儿了解基本的交通规则,如“红灯停、绿灯行”,行人走人行道,走路靠右行,不要在马路上踢球、玩滑板车、奔跑、做游戏,不横穿马路等。

(2)引导幼儿认识交通标志,如红绿灯、人行横道线等,并且知道这些交通标志的意义和作用。

(3)培养幼儿交通安全意识,促使其养成遵守交通规则的良好习惯。

(二)消防安全教育

(1)要让幼儿懂得玩火危险。

(2)让幼儿掌握简单的自救技能。如一旦发生火灾要马上逃离火灾现场,并及时告诉附近的成人;当发生火灾,自己被烟雾包围时,要用防烟口罩或湿毛巾捂住口鼻,并立即趴在地上,在烟雾下面匍匐前进。

(3)带领幼儿参观消防队,观看消防员演习。请消防员介绍火灾形成的原因、消防车的作用、灭火器的使用方法及注意事项等。

(4)组织幼儿定期进行火灾疏散演习。

(三)食品卫生安全教育

(1)教育幼儿不吃过期、变质、腐烂、有异味的食物。

(2)教育幼儿不随便捡食和不食用来源不明的食物。

(3)教育幼儿不随便吃药,生病时要遵医嘱服药。

(4)教育幼儿喝热汤或热水时必须先吹吹,以免烫伤。

(5)教育幼儿吃鱼时,要把鱼刺挑干净。

(6)教育幼儿进食时不嬉笑打闹。

(7)保持良好的用餐气氛。

(四)防触电、防溺水安全教育

(1)教育幼儿不随便玩电器、拉电线,不用剪刀剪电线,不用小刀划电线,不将铁丝等金属物品插入电源插座,等等。

(2)告诉幼儿,若有人发生触电事故,不能用手去拉触电的人,而应及时切断电源,或者用干燥的竹竿等不导电的物品挑开电线。

(3)对幼儿进行防溺水教育:一是要告诉幼儿不能私自到河边玩耍;二是不能将脸埋入水中;三是不能私自到河里游泳;四是当同伴失足落水时,要及时就近叫成人来抢救。

(五)幼儿园玩具安全教育

(1)玩大型玩具,如玩滑梯时,要教育幼儿不拥挤,前面的幼儿还没滑到底并离开时,后面的幼儿不能开始滑;玩秋千时,教育幼儿要坐稳,双手拉紧两边的秋千绳;玩跷跷板时,教育幼儿要坐稳,双手抓紧扶手。

(2)玩中型玩具时,教育幼儿不得用玩具去打其他幼儿,特别是头部。

(3)玩小型玩具时,教育幼儿不能将玩具放入口、耳、鼻中,以免造成伤害等。

(六)幼儿生活安全教育

家园配合同步进行,要尽早让幼儿熟悉和掌握内容。

(1)教幼儿正确使用小剪刀。

(2)教育幼儿运动和游戏时要有秩序,不拥挤和推撞。

(3)告诉幼儿在没有成人看护时,不能从高处往下跳或从低处往上蹦,平常不乱攀爬树、墙、窗台,不从楼梯扶手往下滑。

(4)告诉幼儿推门时要推门框,不推玻璃,手不能放在门缝里。

(5)告诉幼儿乘车时不在车上来回走动,不将手和头伸出窗外。

(6)教育幼儿不轻信陌生人,不跟陌生人走。

(7)教育幼儿不随意开关家里电器,特别是电熨斗、电取暖器等,不玩电线与插座。

(8)引导幼儿学会看安全标志,知道哪些物品有危险、不能玩、要远离等。

(七)简单自救方法

(1)让幼儿识记特殊号码的用途,如110、119、120,同时教育幼儿不随意拨打这些号码。

(2)让幼儿熟记自家地址、电话号码、父母姓名,不轻信陌生人,若一人在家不随意开门。

(3)教幼儿遇到困难要学会求助,找警察或者教师。

任务二

幼儿园突发事件应急处理

任务目标

1. 理解幼儿园突发事件的概念。

2. 掌握幼儿园突发事件的应急处理方法。

任务准备

1. 物质准备：纸、笔。

2. 经验准备：对幼儿园突发事件有一定认知。

工作表单

工作表单

收集整理与讨论

根据自己的学习、见习经验，与小组成员一起整理：幼儿园常见的突发事件有哪些？怎样应对与预防？怎样善后处理？填写在下表中。

幼儿园突发事件	应对方法	预防措施	善后处理

学习支持

面对幼儿园中幼儿出现的各种紧急情况，园长、教师应沉着冷静，遇事不慌，指挥顺畅，应急人员落实到位，同时，在日常工作计划中做好紧急情况预案。幼儿园应该建立预警机制，定期对园中设施设备进行全面检查，对安全隐患要及时采取措施进行整改，防患于未然；配备有资质的应急医务人员，明确其职责，确保幼儿的生命安全。

一、突发事件的概念

幼儿园班级管理中所说的突发事件是指在没有预知的情况下，各种因素所导致的幼儿人身伤害等安全事件。其典型特征是事件发生带有很大的不可预知性、突发性、偶发性、随时性，若事件发生后不进行应急处理或应急处理不当，有可能会导致更严重的后果。

二、突发事件产生的原因

(1)幼儿年龄小，易出意外。

(2)制度不严，管理不善。

(3)设施设备存在安全隐患。

(4)工作人员玩忽职守或者责任心不强。

(5)教师体罚或变相体罚，给幼儿造成伤害。

(6)幼儿体质特殊或者突发疾病。

(7)家长的错误观念为幼儿埋下安全隐患。

三、突发事件预防措施

(1)幼儿园建立安全制度，明确岗位职责。

(2)幼儿园建立卫生保健制度，做好健康检查。

(3)幼儿园创设安全的生活学习环境，消除不安全因素。

(4)强化教师、保育员、幼儿等一切相关人员的安全意识，预防为主。

(5)工作人员要有高度的责任感，在工作中要特别细心。

(6)幼儿园要做好安全应急预案。

四、幼儿园常见小意外与应对方法

（一）同伴抓伤或咬伤

幼儿在活动、玩耍时相互产生矛盾，如争抢玩具、意见不合争吵等，都可能导致抓伤、咬伤等伤害。

应对方法：幼儿容易发生争执的原因是不会协商，教师要教幼儿如何与同伴交往。比如，对于想加入游戏的中、大班幼儿，可以教他们说："我可以和你们一起玩吗？"如果遭到拒绝，可以说："那我等会儿行吗？"

（二）跌伤或撞伤

幼儿身体机能还没未发育成熟，还无法完全自如地控制自己的身体。因此，幼儿在活动时，经常会突然跌倒；从滑梯或其他大型运动器械上不慎摔下来；彼此躲闪不及，发生冲撞磕碰等意外。

应对方法：观察幼儿的活动，提前将意外发生时的自我保护方法与应变技巧告诉幼儿。如在玩抛接球时，告诉幼儿应该和同伴保持一定的安全距离，防止球落在同伴的身上。有危险及时告知幼儿，同时教给他安全小技巧，比如在奔跑中，不能低着头向前猛冲，应注意观察周围的情况，避免与其他同伴碰撞而跌倒，如果不慎跌倒，可采用前趴的方法，防止头着地等。

（三）烫伤、烧伤

幼儿安全意识薄弱，且皮肤稚嫩，若照管不力，很容易被开水、热粥烫伤。

应对方法：热水不要放在幼儿可以触碰到的范围内。幼儿一旦发生烫伤，马上用自来水冲，消除水肿和减轻疼痛。如果情况严重，立即送往医院处理。

五、幼儿园安全事故预防措施

（一）七条安全清单

（1）在教室里不要乱跑，以防撞到桌角。

（2）不带尖锐、细小等危险物品到幼儿园。

（3）走楼梯时，要看好脚下，不能推别人。

（4）小玩具、小饰物等不要放在嘴里玩，也不要放进鼻子和耳朵里。

(5)身体不适、跌倒、摔伤时要及时告诉教师。

(6)不吃陌生人给的食物,不跟陌生人走,离开集体时要和教师打招呼。

(7)能记住并能说出自己的姓名、家长姓名与电话、家庭住址。

(二)一个安全主张

我们经常会发现,所谓的"调皮"幼儿似乎要"经摔"些,在小意外中摔伤、骨折的大多是体能和协调能力相对较差的幼儿。事实上,注意安全并不等于限制幼儿的活动,为了避免安全事故发生而减少活动的想法不可行。要让幼儿更强壮、更协调、更灵活,才能更好地预防受伤。

六、突发事件的善后处理

(一)对于幼儿

1.及时处理受伤者

当幼儿受伤时,教师要马上判断幼儿伤情的严重程度。若是轻微伤,如表皮擦伤,教师可自行处理;若是情况严重的,如伤口流血、骨折等情况,在叫幼儿园医务人员的同时应为幼儿止血,使幼儿受伤的肢体保持不动。幼儿园医务人员不能解决的,要马上送幼儿去医院做处理,不得延误治疗时机。

2.消除幼儿恐惧心理

幼儿受到伤害,容易产生恐惧心理,教师应及时帮助他们消除恐惧,给予更多的关爱,鼓励他们勇敢面对。有的事故是一个幼儿对另一个幼儿的伤害,教师千万不要在还未弄清原因的情况下指责伤害者,教育要适可而止,以免让这个伤害同伴的幼儿背上沉重的心理负担。

3.抓住教育契机

幼儿身边发生了安全事故,作为教师应抓住这一教育契机,引导幼儿讨论事故发生的原因及预防事故发生的措施,使全体幼儿得到贴近生活的安全教育。同时,还应引导全班幼儿关心受伤的幼儿,渗透情感教育。

4.对受伤幼儿的护理

教师应懂得相应的基础护理知识,应根据受伤幼儿的身体状况和受伤程度、受伤部位,采取相应的护理方法。

（二）对于家长

1. 及时通知受伤幼儿的家长

幼儿在园发生安全事故后，班级教师应及时告知家长真实情况，还应征求家长的处理意见，不要等到家长来园接幼儿时才说，应尊重家长的知情权。

2. 做好受伤幼儿家长的安抚工作

幼儿发生安全事故，任何一个家长都会担心和难受，有的家长通情达理，有的家长则可能会指责幼儿园或教师。不论家长态度如何，我们都应换位思考，理解家长，主动诚恳地向家长致歉，并详细地介绍事故发生的经过，还要与家长交流幼儿的后期护理，协调好与家长的关系。

项目评价

主题	内容	优秀	良好	一般	较差	很差
学习态度	能准时参加所有学习任务，完成工作表单	5	4	3	2	1
专业知识	掌握幼儿园班级安全管理和幼儿安全教育的内容，学会幼儿园突发事件的应急处理和善后处理方法	5	4	3	2	1
研讨精神	积极参与讨论，对其他人的发言能提出合理的分析和见解	5	4	3	2	1
团队协作	能很好地融入课堂小组讨论，共同推进学习进程	5	4	3	2	1
沟通交流	能够清晰准确地表达自己的观点，与他人交流时态度、语气恰当	5	4	3	2	1
人文素养	树立幼儿园班级安全管理意识，了解幼儿园安全事故的预防措施	5	4	3	2	1
信息素养	会检索和主动阅读学前教育和幼儿园安全管理相关文献	5	4	3	2	1
实践应用	具备幼儿园安全管理和处理幼儿园突发事件的能力	5	4	3	2	1
自我小结						

项目小结

通过本项目的学习，我们了解了幼儿园安全管理的相关知识。幼儿园班级安全管理中我们要理解幼儿园安全事故的含义，要掌握幼儿园一日生活安全管理中接送安全，交接班安全，盥洗、如厕安全，进餐安全，室内活动安全、户外活动安全，午睡安全等的要求，要掌握交通、消防、食品卫生、防触电、防溺水、幼儿园玩具、幼儿生活、简单自救等方面的幼儿安全教育内容。在幼儿园突发事件应急处理的学习中，理解突发事件的概念、产生原因，要掌握突发事件的预防措施与应对方法，尤其是幼儿园常见小意外，如同伴抓伤或咬伤、跌伤或撞伤、烫伤、烧伤等意外，要牢记幼儿园安全事故预防措施的一个安全主张和七条安全清单，要学会突发事件的善后处理。本项目的学习，要结合在见习与小组合作学习中观察记录的幼儿园班级安全管理案例，掌握幼儿园突发事件的处置方法和预防措施，提升幼儿园安全管理的意识和能力。

直通赛证

在洗手时，幼儿东东突然叫了起来："洗手液溅进我眼睛里了！"这时老师首先应该做的是(　　)。

A.用流水冲洗眼睛

B.用干净的纸或软布擦眼睛

C.找保健医生

D.拉开眼皮吹一吹

[答案]A。

实践实训

观察记录幼儿园班级安全管理和幼儿安全教育活动，讨论如何预防和处理突发事件。

拓展阅读

[1]杨春华.突发事件中幼儿教师家园沟通能力职前培养[J].宁波教育学院学报,2022,24(5).

[2]李双妮.新媒体环境下大连市G区幼儿园突发事件应急管理研究[D].大连:辽宁师范大学,2023.

[3]刘颖,黄鑫宇.幼儿园应对突发公共卫生事件的教育与管理机制探究[J].开封文化艺术职业学院学报,2021,41(12).

项目六

幼儿园班级教师

项目目标

知识目标

1. 理解幼儿教师的角色。
2. 了解幼儿教师在幼儿园班级中的分工与职责。
3. 理解幼儿园班级管理对幼儿教师的素质要求。
4. 了解幼儿教师专业成长历程。

技能目标

能结合幼儿教师职责和幼儿教师素质要求,制订幼儿教师专业成长计划。

素质目标

树立正确的教师观,具备良好的教师职业道德。

学习重难点

学习重点

1. 幼儿教师的角色。
2. 幼儿教师在幼儿园班级中的分工与职责。
3. 幼儿教师素质要求。

学习难点

制订幼儿教师专业成长计划。

思维导图

- 幼儿园班级教师
  - 幼儿教师角色与职责
    - 幼儿教师的角色
    - 幼儿教师在班级管理中的职责
  - 幼儿教师素质
    - 基本理念
    - 专业理念与师德
    - 专业知识
    - 专业能力
  - 幼儿教师专业成长
    - 幼儿教师专业化发展
    - 幼儿教师专业化特征
    - 幼儿教师专业发展阶段
    - 幼儿教师专业化发展策略

任务一

幼儿教师角色与职责

任务目标

1. 理解幼儿教师的角色。
2. 了解幼儿教师在班级中的分工与职责。

任务准备

1. 物质准备:《幼儿园工作规程》原文,纸、笔。
2. 经验准备:到幼儿园见习,对幼儿教师的工作有所了解。

工作表单

工作表单

思考讨论

小组讨论幼儿教师在班级管理中的分工与职责。

学习支持

一、幼儿教师的角色

在幼儿园班级管理中，幼儿教师的角色指的是幼儿教师在幼儿园班级中所扮演的特定角色。幼儿教师承担着指导和照顾幼儿的任务，他们是幼儿园中主要的教育者和引导者。他们的角色决定了他们在班级中的职责，包括制订教学计划、提供教学指导、满足幼儿合理需求、建立合作关系、观察和评估幼儿的发展、调解冲突以及继续专业发展等。明确幼儿教师的角色和职责，可以帮助他们更好地履行自己的责任，促进幼儿的全面发展。

（一）幼儿教师在幼儿园班级中的角色

《幼儿园教育指导纲要（试行）》指出："教师应成为幼儿学习活动的支持者、合作者、引导者。"众所周知，幼儿教师面对的教育对象是最特殊的。幼儿对一切都感到好奇却不知该如何探究，想象力和创造力处于高速发展时期，又极容易被扼杀，思维活跃并且个体差异大。这些特点，决定了幼儿教师应是最具教育艺术的教师群体，而如何成功地在教与学的过程中灵活、准确、到位地胜任幼儿学习的支持者、合作者、引导者这三个角色，是每一位幼儿教师必须面对和思考的问题。

1. 支持者

幼儿教师扮演的第一个角色是支持者。作为支持者，教师在物质支持、环境支持、时间支持和心理支持等方面发挥着重要的作用。

（1）物质支持。

教师要确保班级拥有适合幼儿学习和发展的资源和材料。教师要根据幼儿的需求和兴趣提供各种教具、玩具、书籍和艺术材料等，以促进幼儿的探索和学习。

（2）环境支持。

教师要创造安全、温馨、有序和富有挑战性的学习环境。创设合理的班级环境，规划各种学习区域，并营造鼓励幼儿互动、合作和自主学习的氛围。

（3）时间支持。

教师要合理安排时间，让幼儿拥有足够的自由时间和学习时间。教师应提前制订好班级教育计划，让幼儿能够参与多样化的学习活动，如自由游戏、集体活动和小组合作等。

(4)心理支持。

教师要关注幼儿的情感需求，并提供安抚和支持。教师要努力倾听幼儿的想法、感受和问题，提供情感上的支持和鼓励，培养幼儿情绪管理和解决问题的能力，帮助他们建立积极的心理状态。

幼儿教师作为幼儿学习和成长道路上的支持者，不仅提供物质上的支持，如资源和材料，创造适宜的学习环境，合理安排时间，而且给予幼儿情感上的支持与鼓励，帮助幼儿建立探索世界的自信，促进他们的全面发展。

2. 合作者

幼儿教师扮演的第二个角色是合作者。在教学活动、游戏活动和生活活动中，教师是幼儿的合作者，与他们一起探索、学习和成长。

(1)教学活动中的合作。

在教学活动中，教师与幼儿共同制订学习目标和计划。教师应先了解幼儿的需求和兴趣，并根据幼儿的发展水平和能力进行教学设计。教师与幼儿一起参与教学活动，教师分享知识和技能，提供指导和支持。他们鼓励幼儿提出问题、表达观点，并与幼儿一同探索解决问题的方法。

(2)游戏活动中的合作。

在游戏活动中，教师与幼儿一起参与游戏，成为幼儿游戏的合作者。教师与幼儿共同制订游戏规则，共同讨论游戏角色和情节，并提供必要的引导和支持。教师在游戏中要与幼儿互动交流，发展幼儿的语言和社交能力；鼓励幼儿探索创造、解决问题，并共同享受游戏的乐趣。

(3)生活活动中的合作。

在生活活动中，教师与幼儿一起参与日常生活的各项活动，如饮食、盥洗和如厕等。教师要与幼儿一起制订流程和规则，帮助幼儿养成良好的生活习惯。教师要鼓励幼儿一起参与准备和整理活动，培养幼儿的自理能力和责任感。

教师作为幼儿在学习、游戏和生活活动中的合作者，应注重与幼儿之间的合作和互动。倾听幼儿的声音，尊重幼儿的意见和决策，并为幼儿提供支持和鼓励。通过合作，教师与幼儿建立紧密的关系，创造积极、富有挑战性和有意义的学习环境。教师扮演好合作者的角色，有助于促进幼儿认知、语言、社交和情感的发展，鼓励他们探索、学习和成长。

3.引导者

幼儿教师在幼儿健康、科学、社会、艺术和语言五大领域的发展中发挥着重要的引导作用。

（1）健康领域。

幼儿教师要帮助幼儿养成良好的卫生习惯，如餐前便后要洗手、每日要刷牙和保持身体清洁等。此外，教师应让幼儿了解健康饮食的重要性，促进幼儿营养均衡的饮食习惯和健康的生活方式的养成。

（2）科学领域。

幼儿教师通过有趣的实验和观察活动，激发幼儿对科学的兴趣。教师要鼓励和引导幼儿积极探索自然和观察日常生活中的科学现象，培养他们的观察力、思考力和解决问题的能力。

（3）社会领域。

幼儿教师帮助幼儿学习如何与同伴相处，与同伴建立良好的人际关系。教师可以组织各种小组活动和合作游戏，培养幼儿的团队合作精神和社交能力。此外，教师还可以引导幼儿学习分享、尊重他人和解决冲突的方式，进一步促进他们社会性的发展。

（4）艺术领域。

幼儿教师可以引导幼儿发展创造力和表达能力。幼儿教师可以提供各种艺术材料和工具，让幼儿进行绘画、手工制作、唱歌和舞蹈等艺术活动。通过这些活动，幼儿可以表达自己的想法和情感，培养审美能力和艺术欣赏能力。

（5）语言领域。

幼儿教师可以提供丰富的语言环境，通过与幼儿对话、讲故事、唱歌和游戏等方式，促进幼儿的语言能力和沟通能力的发展。同时，教师还可以教授幼儿基本的语音、词汇和句法，帮助他们建立良好的语言基础。

（二）幼儿教师扮演好角色的原则

幼儿教师在班级管理中扮演着重要的角色，他们不仅要关注幼儿的学习和发展，还需要创建积极和谐的班级氛围。

1.理解和尊重每个幼儿的个体差异

每个幼儿都是独一无二的个体，他们有着不同的兴趣、需求和学习风格。幼儿教师应该认识到这一点，并根据每个幼儿的特点和发展水平，制订个性化的学习计划和支持策略。理解和尊重每个幼儿的个体差异，有助于建立积极的学习环境，并促进每个幼儿的全面发展。

2.建立积极的师生关系

幼儿教师应该努力建立积极的师生关系，以增强幼儿的学习动机和参与度。幼儿教师应该与幼儿建立信任和亲近的关系，倾听他们的意见和需求，并尽可能提供支持和指导。通过赞扬和鼓励，幼儿教师可以帮助幼儿建立积极的自我形象，并激发他们的学习热情。

3.设定明确的规则和期望

在班级管理中，幼儿教师应该设定明确的规则和期望，以帮助幼儿理解和遵守行为准则。这些规则和期望应该合理、具体，并根据幼儿的年龄特点和发展水平进行调整。幼儿教师还可以通过角色扮演、讲故事和游戏等方式，向幼儿解释规则的重要性，并帮助他们理解建立良好行为的重要性。

4.提供积极的学习环境

幼儿教师应该创造积极的学习环境，以促进幼儿的主动学习和探索。幼儿教师可以提供丰富的教育资源、有趣的学习材料和引发好奇心的活动，以激发幼儿的学习兴趣。此外，幼儿教师还应该注重班级环境的创设，使幼儿感到安全、舒适和受欢迎。

5.鼓励合作和分享

合作和分享是幼儿社交发展的重要方面，也有助于建立和谐的班级氛围。幼儿教师可以组织各种合作活动和团队项目，鼓励幼儿共同努力、相互帮助，并分享他们的成果和经验。通过这些活动，幼儿教师可以培养幼儿的合作精神、团队意识和友善行为。

6.持续专业发展

幼儿教师应该不断提升自己的专业技能和知识水平，以更好地胜任班级管理者的角色。鼓励幼儿教师参加专业培训课程、研讨会和教育会议，与同行交流经验，学习最新教育理论和实践成果。持续专业发展有助于幼儿教师不断改进自己的教学方法和管理策略，提高班级管理的质量。

7.建立家园合作

幼儿教师还应该与家长建立积极的合作关系，共同关注幼儿的成长和发展。幼儿教师要定期与家长沟通，分享幼儿的学习进展和行为表现，以及提供家庭教育的建议。通过家园合作，幼儿教师可以更好地了解每个幼儿的需求和家庭教育环境，以更好地管理班级，并为幼儿提供个性化的学习支持。

二、幼儿教师在班级管理中的职责

（一）职责的定义

职责是指个人在特定职位或角色中所承担的义务、任务和责任。它是根据工作职位和组织的要求而确定的，涵盖了个人在工作中应负责的行为和责任范围。

在职责中，个人需要履行相关的职业道德和行为准则，以及遵守组织的规章制度。职责要求个人具备相应的专业知识和技能，能够胜任工作任务，并为组织和他人做出贡献。

职责不仅仅是执行任务，还包括了对工作结果的责任和对自身职业发展的追求。个人需要对自己的工作质量和效果负责，并不断提升自己的能力和知识，以适应工作的要求和变化。

（二）班级管理中的分工与职责

班级管理中要明确每项任务的具体负责教师。班级中的每一位教师都要明确自己的职责，并按工作职责进行工作。在实际工作中，教师虽然分工明确，但其实相互间同样需要密切配合、协同一致，只有这样才能将班级管理好，才能为幼儿提供温馨、健康、快乐、和谐的成长环境。

1.教师职责

教师要全面负责本班工作，《幼儿园工作规程》第四十一条有明确的规定：

（1）观察了解幼儿，依据国家有关规定，结合本班幼儿的发展水平和兴趣需要，制订和执行教育工作计划，合理安排幼儿一日生活；

(2)创设良好的教育环境,合理组织教育内容,提供丰富的玩具和游戏材料,开展适宜的教育活动;

(3)严格执行幼儿园安全、卫生保健制度,指导并配合保育员管理本班幼儿生活,做好卫生保健工作;

(4)与家长保持经常联系,了解幼儿家庭的教育环境,商讨符合幼儿特点的教育措施,相互配合共同完成教育任务;

(5)参加业务学习和保育教育研究活动;

(6)定期总结评估保教工作实效,接受园长的指导和检查。

2. 保育员职责

《幼儿园工作规程》第四十二条明确规定:

(1)负责本班房舍、设备、环境的清洁卫生和消毒工作;

(2)在教师指导下,科学照料和管理幼儿生活,并配合本班教师组织教育活动;

(3)在卫生保健人员和本班教师指导下,严格执行幼儿园安全、卫生保健制度;

(4)妥善保管幼儿衣物和本班的设备、用具。

3. 班长职责

班长是班级中主要负责的教师,具体工作职责如下:

(1)班长全面负责本班组内的幼儿教育教学、卫生保健、家长工作。

(2)负责本班组织管理工作,指导本班组人员的工作,确保班组各项工作的完成。

(3)负责贯彻幼儿园的各项规章制度,制订班组工作计划,总结班组工作。

(4)检查指导本班保育员工作,如幼儿的生活护理,卫生工作及生活用品、玩教具的管理等。如发现玩教具缺少或损坏,要及时上报园务办公室。

(5)负责班级环境布置、活动区的设置和玩教具的投放。

(6)负责召开班务会,讨论本班工作目标的实现情况,以及对本班所出现的问题的解决方法,并做好记录,且定期向园长汇报班级工作。

(7)负责安排本班教育活动计划、家长工作、家园联系、幼儿发展测评等工作。

(8)负责班级幼儿安全,幼儿发生意外时负责及时向医务室、办公室汇报。凡属责任事故,班长与责任教师共同承担责任,并向家长做出检查。

(9)负责幼儿出勤记录与统计、各项观察记录、新生入园在园情况汇报、期末测评等记录的管理。

(10)负责协调班组内工作人员的关系,营造团结协作、求实进取的和谐氛围。

(三)幼儿教师在幼儿发展中的职责

在班级管理中,幼儿教师的职责主要包括:建立积极的学习环境、促进幼儿的综合发展、管理班级行为和情感、与家长建立合作关系以及进行自我反思和专业发展。

1.幼儿教师要建立积极的学习环境

幼儿教师应该创造充满活力、温馨、安全的班级氛围,以促进幼儿的主动学习和探索。幼儿教师可以提供丰富的教育资源和有趣的学习材料,设计吸引人的学习活动,以激发幼儿的学习兴趣和动力。幼儿教师还应注重班级环境创设,使幼儿感到舒适、受欢迎和安全。通过建立积极的学习环境,幼儿教师可以为幼儿的学习奠定良好的基础。

2.幼儿教师应促进幼儿的综合发展

幼儿教师要关注幼儿的身体、智力、情感、社交和审美等方面的发展。幼儿教师应该根据每个幼儿的特点和需求,制订个性化的学习计划和目标,并采用多样化的教学方法和评估手段。幼儿教师还应鼓励幼儿参与各种学习活动和实践活动,培养他们的创造力、批判性思维和解决问题的能力。通过综合发展,幼儿教师可以帮助幼儿全面成长。

3.幼儿教师要管理班级的行为和情感

幼儿教师应该建立明确的规则和纪律,培养幼儿的自律性和责任感。幼儿教师可以采用适当的奖惩措施,引导幼儿发展良好的行为和处理冲突的能力。同时,幼儿教师还应关注幼儿的情感发展,倾听和理解他们的需求和情绪,提供安全和鼓励的情感氛围。通过行为和情感管理,幼儿教师可以培养幼儿良好的行为习惯和情绪调控能力。

4.幼儿教师需要与家长建立合作关系

幼儿教师应定期与家长沟通,分享幼儿的学习进展、行为表现和特殊需求。幼儿教师可以提供家庭教育的建议和方法,与家长共同关注幼儿的成长和发展。幼儿教师还可以邀请家长参与幼儿园的活动和志愿者工作,增进家园合作和互信。通过与家长的合作,幼儿教师可以更好地了解每个幼儿的需求和家庭教育环境,为他们提供个性化的学习支持。

5. 幼儿教师需要进行自我反思和专业发展

幼儿教师应该不断反思自己的教学实践，寻求改进和提高。幼儿教师可以参加专业培训和研讨会，与同行交流经验和观点，更新教育理念和教学方法。同时，幼儿教师还可以参与教育研究，不断丰富自己的专业知识和技能。通过自我反思和专业发展，幼儿教师可以为幼儿提供更优质的教育服务。

（四）幼儿教师履行好班级管理职责的原则

1. 关注每个幼儿的个体差异

每个幼儿都是独特的个体，幼儿教师应该尊重每个幼儿的个体差异，了解他们的家庭情况和发展水平，以便更好地满足他们的需求。

2. 提供安全稳定的学习环境

幼儿是易受影响的群体，他们需要安全、稳定和温馨的学习环境。幼儿教师应该创设丰富合理的班级环境，构建完善的安全设施和创造良好的卫生条件。幼儿教师还应该制订班级规则和纪律，以帮助幼儿建立自律和秩序感。

3. 建立积极的师生关系

幼儿教师应该与幼儿建立积极的师生关系，以促进幼儿的学习和发展。幼儿教师应该倾听和尊重幼儿的意见和想法，给予他们充分的关注和支持。通过与幼儿的互动和沟通，幼儿教师可以更好地了解他们的兴趣和需求，并根据个体差异提供个性化的教学。

4. 创设富有启发性的学习环境

幼儿教师应该为幼儿创设富有启发性的学习环境。幼儿教师可以通过提供多样化的学习资源和材料，激发幼儿的好奇心和探索欲望。教师还应该设计有趣和有挑战性的活动，鼓励幼儿主动参与和尝试，培养他们的创造力和解决问题的能力。

5. 与家长保持紧密联系

幼儿教师应该与家长建立紧密的联系和合作关系。幼儿教师可以通过家长会议、家访和定期沟通等方式与家长交流幼儿的学习和发展情况。教师还应该尊重和倾听家长的意见和建议，与家长共同关注幼儿的成长。

6.持续专业发展

幼儿教师应该不断提升自己的专业知识和技能,以更好地履行班级管理职责。幼儿教师可以参加专业培训和研讨会,了解最新的教育理论和实践成果。幼儿教师还应该与同行进行交流和合作,分享经验和教学资源。

7.尊重幼儿权益

幼儿教师应该尊重幼儿的权益,包括尊重他们的隐私、个人空间和身体安全。幼儿教师还应该遵循职业道德和行为准则,不侵犯幼儿的权益,保护他们的身心健康。

任务二

幼儿教师素质

微视频：

《幼儿教师素质知识》

任务目标

学习《幼儿园教师专业标准(试行)》,明确幼儿教师在班级管理中应具备的核心素质,并探索提升方法。

任务准备

1.物质准备:准备《幼儿园教师专业标准(试行)》原文,纸、笔。

2.经验准备:对学前教育专业和幼儿教师有一定的了解。

工作表单

工作表单

思考讨论

对照《幼儿园教师专业标准(试行)》,思考自己达到和还未达到的部分,写在下面方框内,并与同学一起讨论。

我达到的:

我还未达到的:

学习支持

幼儿园教师是履行幼儿园教育教学工作职责的专业人员，需要经过严格的培养与培训，具有良好的职业道德，掌握系统的专业知识和专业技能。《幼儿园教师专业标准（试行）》是国家对合格幼儿教师专业素质的基本要求，是幼儿园教师实施保教行为的基本规范，是引领幼儿园教师专业发展的基本准则，是幼儿园教师培养、准入、培训、考核等工作的重要依据。

一、基本理念

（一）师德为先

热爱学前教育事业，具有职业理想，践行社会主义核心价值体系，履行教师职业道德规范，依法执教。关爱幼儿，尊重幼儿人格，富有爱心、责任心、耐心和细心；为人师表，教书育人，自尊自律，做幼儿健康成长的启蒙者和引路人。

（二）幼儿为本

尊重幼儿权益，以幼儿为主体，充分调动和发挥幼儿的主动性；遵循幼儿身心发展特点和保教活动规律，提供适合的教育，保障幼儿快乐健康成长。

（三）能力为重

把学前教育理论与保教实践相结合，突出保教实践能力；研究幼儿，遵循幼儿成长规律，提升保教工作专业化水平；坚持实践、反思、再实践、再反思，不断提高专业能力。

（四）终身学习

学习先进学前教育理论，了解国内外学前教育改革与发展的经验和做法；优化知识结构，提高文化素养；具有终身学习与持续发展的意识和能力，做终身学习的典范。

二、专业理念与师德

（一）职业理解与认识

（1）贯彻党和国家教育方针政策，遵守教育法律法规。

(2)理解幼儿保教工作的意义,热爱学前教育事业,具有职业理想和敬业精神。

(3)认同幼儿园教师的专业性和独特性,注重自身专业发展。

(4)具有良好职业道德修养,为人师表。

(5)具有团队合作精神,积极开展协作与交流。

(二)对幼儿的态度与行为

(1)关爱幼儿,重视幼儿身心健康,将保护幼儿生命安全放在首位。

(2)尊重幼儿人格,维护幼儿合法权益,平等对待每一位幼儿。不讽刺、挖苦、歧视幼儿,不体罚或变相体罚幼儿。

(3)信任幼儿,尊重个体差异,主动了解和满足有益于幼儿身心发展的不同需求。

(4)重视生活对幼儿健康成长的重要价值,积极创造条件,让幼儿拥有快乐的幼儿园生活。

(三)幼儿保育和教育的态度与行为

(1)注重保教结合,培育幼儿良好的意志品质,帮助幼儿养成良好的行为习惯。

(2)注重保护幼儿的好奇心,培养幼儿的想象力,发掘幼儿的兴趣爱好。

(3)重视环境和游戏对幼儿发展的独特作用,创设富有教育意义的环境氛围,将游戏作为幼儿的主要活动。

(4)重视丰富幼儿多方面的直接经验,将探索、交往等实践活动作为幼儿最重要的学习方式。

(5)重视自身日常态度言行对幼儿发展的重要影响与作用。

(6)重视幼儿园、家庭和社区的合作,综合利用各种资源。

(四)个人修养与行为

(1)富有爱心、责任心、耐心和细心。

(2)乐观向上、热情开朗,有亲和力。

(3)善于自我调节情绪,保持平和心态。

(4)勤于学习,不断进取。

(5)衣着整洁得体,语言规范健康,举止文明礼貌。

三、专业知识

（一）幼儿发展知识

（1）了解关于幼儿生存、发展和保护的有关法律法规及政策规定。

（2）掌握不同年龄幼儿身心发展特点、规律和促进幼儿全面发展的策略与方法。

（3）了解幼儿在发展水平、速度与优势领域等方面的个体差异，掌握对应的策略与方法。

（4）了解幼儿发展中容易出现的问题与适宜的对策。

（5）了解有特殊需要幼儿的身心发展特点及教育策略与方法。

（二）幼儿保育和教育知识

（1）熟悉幼儿园教育的目标、任务、内容、要求和基本原则。

（2）掌握幼儿园各领域教育的学科特点与基本知识。

（3）掌握幼儿园环境创设、一日生活安排、游戏与教育活动、保育和班级管理的知识与方法。

（4）熟知幼儿园的安全应急预案，掌握意外事故和危险情况下幼儿安全防护与救助的基本方法。

（5）掌握观察、谈话、记录等了解幼儿的基本方法和教育心理学的基本原理和方法。

（6）了解0—3岁婴幼儿保教和幼小衔接的有关知识与基本方法。

（三）通识性知识

（1）具有一定的自然科学和人文社会科学知识。

（2）了解中国教育基本情况。

（3）具有相应的艺术欣赏与表现知识。

（4）具有一定的现代信息技术知识。

四、专业能力

（一）环境的创设与利用

（1）建立良好的师幼关系，帮助幼儿建立良好的同伴关系，让幼儿感到温暖和愉悦。

(2)建立班级秩序与规则,营造良好的班级氛围,让幼儿感受到安全、舒适。

(3)创设有助于促进幼儿成长、学习、游戏的教育环境。

(4)合理利用资源,为幼儿提供和制作适合的玩教具和学习材料,引发和支持幼儿的主动活动。

(二)一日生活的组织与保育

(1)合理安排和组织一日生活的各个环节,将教育灵活地渗透到一日生活中。

(2)科学照料幼儿日常生活,指导和协助保育员做好班级常规保育和卫生工作。

(3)充分利用各种教育契机,对幼儿进行随机教育。

(4)有效保护幼儿,及时处理幼儿的常见事故,危险情况优先救护幼儿。

(三)游戏活动的支持与引导

(1)提供符合幼儿兴趣需要、年龄特点和发展目标的游戏条件。

(2)充分利用与合理设计游戏活动空间,提供丰富、适宜的游戏材料,支持、引发和促进幼儿的游戏。

(3)鼓励幼儿自主选择游戏内容、伙伴和材料,支持幼儿主动地、创造性地开展游戏,充分体验游戏的快乐和满足。

(4)引导幼儿在游戏活动中获得身体、认知、语言和社会性等多方面的发展。

(四)教育活动的计划与实施

(1)制订阶段性的教育活动计划和具体活动方案。

(2)在教育活动中观察幼儿,根据幼儿的表现和需要,调整活动,给予适宜的指导。

(3)在教育活动的设计和实施中体现趣味性、综合性和生活化,灵活运用各种组织形式和适宜的教育方式。

(4)提供更多的操作探索、交流合作、表达表现的机会,支持和促进幼儿主动学习。

(五)激励与评价

(1)关注幼儿日常表现,及时发现和赏识每个幼儿的点滴进步,注重激发和保护幼儿的积极性、自信心。

(2)有效运用观察、谈话、家园联系、作品分析等多种方法,客观地、全面地了解和评价幼儿。

(3)有效运用评价结果,指导下一步教育活动的开展。

(六)沟通与合作

(1)使用符合幼儿年龄特点的语言进行保教工作。

(2)善于倾听,和蔼可亲,与幼儿进行有效沟通。

(3)与同事合作交流,分享经验和资源,共同发展。

(4)与家长进行有效沟通合作,共同促进幼儿发展。

(5)协助幼儿园与社区建立合作互助的良好关系。

(七)反思与发展

(1)主动收集分析相关信息,不断进行反思,改进保教工作。

(2)针对保教工作中的现实需要与问题,进行探索和研究。

(3)制订专业发展规划,积极参加专业培训,不断提高自身专业素质。

任务三

幼儿教师专业成长

任务目标

1. 了解幼儿教师专业成长的重要性。

2. 理解幼儿教师专业化发展的概念、专业化特征、专业发展阶段以及专业化发展策略。

3. 学会根据幼儿教师实际制订专业化发展计划,探索有效的成长路径。

任务准备

1. 物质准备:纸、笔。

2. 经验准备:对学前教育专业和幼儿教师有一定的了解。

工作表单

工作表单

思考制作

根据幼儿教师专业化发展的知识,制作一份幼儿教师专业化发展计划。

幼儿教师专业化发展计划

学习支持

一、幼儿教师专业化发展

幼儿教师专业化发展是指幼儿教师通过系统的培训、学习和实践，提高自身的专业素养和教育水平，以更好地适应幼儿教育的需求和促进幼儿的全面发展。这一概念强调幼儿教师作为专业人员，应具备扎实的专业知识和技能，并能够根据幼儿的发展特点和需求，运用适当的教育方法和策略进行教学，为幼儿提供优质的教育服务。

幼儿教师专业化发展的核心目标是提高幼儿教师的教育水平和教学质量。幼儿时期是人一生中最关键的时期之一，这一时期的发展也是个体未来发展的基础。因此，幼儿教师的专业化发展需要关注幼儿的成长和需求，并通过不断提升自身的能力和素养，为幼儿提供灵活、富有启发性和有效的教育。

二、幼儿教师专业化特征

幼儿教师走上专业化发展道路，需要具备一些专业的素质和能力，下面介绍幼儿教师专业化的特征。

（一）知识与能力

幼儿教师具备扎实的教育学和心理学知识，了解幼儿的发展特点和学习需求。幼儿教师熟悉各种教学方法和策略，能够根据幼儿的不同特点和需求，制订个性化的教育计划，并有效地组织和实施教学活动。

（二）教学技巧与方法

幼儿教师掌握多种有效的教学技巧和方法，能够创设丰富的学习环境，激发幼儿的学习兴趣和主动性。幼儿教师善于运用故事讲解、情景模拟、游戏活动等方式，以活泼有趣的方式引导幼儿学习，提高他们的学习效果和参与度。

（三）观察与评估能力

幼儿教师具备细致观察和评估幼儿发展的能力。幼儿教师能够通过观察和记录，了解幼儿的兴趣、能力和发展情况，及时发现和解决问题，为幼儿提供个性化的学习支持和辅导。

（四）社交与情感支持

幼儿教师注重与幼儿建立良好的关系，提供积极的社交和情感支持。幼儿教师关心幼儿的情绪变化，积极引导他们表达情感，帮助他们建立自信心和积极的人际关系。

（五）家园合作

幼儿教师与家长之间建立良好的合作关系，共同关注幼儿的成长和发展。幼儿教师与家长保持密切沟通，分享幼儿在学校的表现和进步，征求家长的意见和建议，共同制订教育目标和计划，为幼儿提供全方位的支持和指导。

三、幼儿教师专业发展阶段

（一）顺应阶段（0—2 年）

在职业的早期阶段，幼儿教师处于适应和熟悉工作环境的阶段。这个阶段为0—2年。在顺应阶段，幼儿教师的主要目标是熟悉教学环境，学习和理解幼儿园的规章制度，与幼儿建立良好关系并适应工作节奏。

（二）适应阶段（2—5 年）

在职业的中期阶段，幼儿教师已经适应了工作环境和教学任务。这个阶段为2—5年。在适应阶段，幼儿教师开始熟悉教育教学的基本原理和教学方法，积累经验并不断提升自己的教学能力。幼儿教师开始独立规划和组织教学活动，逐渐形成自己的教育理念和教学风格。

（三）发展阶段（5—10 年）

在职业的后期阶段，幼儿教师进一步发展自己的专业能力和职业素养。这个阶段为5—10年。在发展阶段，幼儿教师通过参加专业培训、研讨会，以及教学反思，不断提升自己的知识水平和专业技能。幼儿教师开始关注教育研究和教育改革，积极参与教改项目和课题研究，为幼儿教育的发展贡献自己的力量。

（四）专业化阶段（10 年以上）

在职业的高级阶段，幼儿教师已经成为专业的领导者和导师。这个阶段的时间为10年以上。在专业化阶段,幼儿教师拥有丰富的教学经验和专业知识,可以在幼儿园担任高级职位,负责教学管理和师资培养工作。幼儿教师还积极参与教育研究和学术交流,为幼儿教育领域的发展提供专业建议和指导。

四、幼儿教师专业化发展策略

(一)持续学习

幼儿教师应该保持持续学习的态度,不断更新自己的知识和教学技能。幼儿教师可以参加专业培训课程、研讨会和学术会议,了解最新的幼儿教育理念和实践成果,拓宽自己的专业视野。

(二)反思与成长

幼儿教师应该经常进行教学反思,思考自己的教学效果和方法,寻找改进的空间。幼儿教师可以通过观察记录,了解幼儿的学习需求和发展情况,针对性地调整自己的教学策略,推动幼儿的个性化发展。

(三)参与研究与创新

幼儿教师可以积极参与教育研究和创新实践。幼儿教师可以选择参与教改项目和课题研究,积累研究经验并贡献自己的观点和发现。同时,幼儿教师也可以在教学实践中创新教学方法和活动,为幼儿的学习带来新的启发和体验。

(四)建立专业支持网络

幼儿教师可以主动建立专业支持网络,与其他教师、专家和学者进行交流和合作。幼儿教师可以加入幼儿教育专业组织、参与幼儿教师社群或在线平台,与同行分享经验和资源,获得反馈和建议,共同促进幼儿教育的专业发展。

【拓展小站】

一些国家幼儿教师的专业发展

1.美国

美国的幼儿教师专业发展经历了较长的历程。20世纪初,幼儿教育被视为家庭和社区的责任,没有专门的幼儿教师培训机构。随着对幼儿教育重要性认识的提高,

20世纪20年代开始建立了早期幼儿教育的培训学校和课程。20世纪后半叶，幼儿教师职业化得到更多重视，涌现出专业认证和高等教育机构与幼儿教育的合作模式。

2. 法国

法国的幼儿教师专业发展起源于20世纪初。法国建立了专门的幼儿教师培训学校，培养专业的幼儿教师。随着对幼教质量的关注，法国实施了一系列幼儿教师培训和职业标准，并逐步建立了幼儿教师专业认证制度。

3. 日本

日本的幼儿教师专业发展始于20世纪初。日本重视幼儿教师的专业技能，并设立了专门的幼儿教育学校。在20世纪后半叶，日本强调幼儿教师的学历要求和培训标准，并建立了幼儿教育师资的专业化和职业制度。

项目评价

主题	内容	优秀	良好	一般	较差	很差
学习态度	能准时参加全部学习任务，完成工作表单	5	4	3	2	1
专业知识	理解幼儿教师的角色；了解幼儿教师在班级中的分工与职责；理解班级管理中幼儿教师应具备的素质；了解幼儿教师专业成长历程	5	4	3	2	1
研讨精神	积极参与讨论，对其他人的发言能提出合理的分析和见解	5	4	3	2	1
团队协作	能很好地融入课堂小组讨论，共同推进学习进程	5	4	3	2	1
沟通交流	能够清晰准确地表达自己的观点，与他人交流时态度、语气恰当	5	4	3	2	1
人文素养	能够关注幼儿教师发展的知识，有意识地树立职业精神	5	4	3	2	1
信息素养	会检索幼儿教师相关文献，主动阅读学前教育专业相关文献	5	4	3	2	1
实践应用	能结合幼儿教师的角色与职责、幼儿教师素质要求制订幼儿教师专业成长计划	5	4	3	2	1
自我小结						

项目小结

本项目主要介绍了幼儿教师在班级管理中的角色与职责、素质要求及专业成长三个方面的内容。首先，明确了幼儿教师的基本职责和对幼儿发展的影响；其次，强调了核心素质如专业知识、沟通能力和情感素质；最后，探讨了通过参加培训和与同行交流等途径促进幼儿教师专业成长。希望通过项目学习，能够提出具体的提升策略和方法，提高班级管理能力，实现专业素质的全面提升。

实践实训

撰写一份幼儿教师职业生涯规划书。

推荐阅读

左梓杰.遵循《指南》尊重幼儿 尊崇教育——浅谈幼儿教师专业发展路径[J].基础教育论坛(中旬刊),2022(3).

项目七

幼儿园家庭共育

项目目标

知识目标

1. 理解幼儿园与家长的关系。

2. 掌握家长工作的内容。

3. 掌握家长会流程、家长开放日流程。

技能目标

能撰写家长会、家长开放日等活动的方案，并模拟组织。

素质目标

1. 树立现代幼儿园班级管理的理念。

2. 树立科学的家庭教育观念，尊重家长，关爱幼儿。

学习重难点

学习重点

家长会、家长开放日等活动的流程。

学习难点

能模拟组织开展家长会和家长开放日活动。

思维导图

- 幼儿园家庭共育
  - 幼儿园与家长
    - 家园共育概述
    - 角色与责任
    - 有效沟通
    - 共同目标
  - 家长工作
    - 家长工作概述
    - 家庭教育的方法与策略
    - 家长与幼儿的互动
    - 家长自我提升
  - 家长会
    - 筹备与组织
    - 流程与内容
    - 跟进与反馈
  - 家长开放日
    - 筹备与组织
    - 流程与内容
    - 总结与反馈

任务一

幼儿园与家长

任务目标

1. 了解家园共育的意义、幼儿园与家长合作的重要性。

2. 理解家长和幼儿园的角色与责任。

3. 熟悉幼儿园与家长有效沟通的方法。

4. 了解幼儿园和家长合作的共同目标。

任务准备

1. 物质准备:纸、笔。

2. 经验准备:了解过家园合作。

工作表单

工作表单

讨论思考

谈一谈你对幼儿园与家长合作的理解。

学习支持

一、家园共育概述

(一)家园共育的意义

在儿童成长的初级阶段,学校与家庭都扮演着至关重要的角色。这两个环境共同影响着幼儿的智力、情感和社会性的发展。"家园共育"这一概念,强调了家庭与幼儿园在幼儿教育和幼儿发展中的共同责任。

1.双重影响

幼儿的生活主要在家庭和幼儿园这两个场所中展开。家庭作为幼儿成长的第一站,为他们提供了初步的情感支撑、生活习惯培养和基本的社交能力培训。在这里,幼儿学会了如何爱,如何与人相处,以及如何对待自己。幼儿园则是幼儿开始接触更广阔世界的地方,他们在这里不仅学习知识,更重要的是开始形成与外部世界的关系,认识新的朋友,接受多样的教育模式。当家庭和幼儿园能够协同合作,为幼儿营造一个连贯和互补的成长环境时,幼儿的发展将更加全面和平衡。例如,当家长理解并支持幼儿园的教育理念,与幼儿教师保持紧密的沟通,家庭教育和幼儿园教育就可以形成一个闭环,使得幼儿在不同的环境中得到相似的指导和支持。

2.沟通与一致性

家园共育作为现代教育的重要理念,特别强调了家长与教师之间的密切沟通。这种沟通不仅仅是信息的交流,更重要的是感情和信任的建立。在教育幼儿的过程中,家长和教师是最为关键的角色。他们的互动、协作与沟通直接影响到幼儿的成长质量。当家长与幼儿教师能够频繁、真实地沟通,他们双方都可以更好地了解幼儿的学习和生活的状态。幼儿教师可以及时反馈幼儿在园的表现,而家长则可以分享幼儿在家中的行为和需求。这样的信息共享有助于双方对幼儿形成更全面的认识。

3.全面发展

家园共育模式为幼儿提供了一个双轮驱动的成长环境,确保了幼儿在多个维度上获得全面的发展。在这种模式下,家庭和幼儿园各自发挥优势,为幼儿营造一个丰富多彩、全方位的成长空间。

当家庭和幼儿园共同为幼儿打造这样一个双重支撑的成长环境时，幼儿得到的是既有情感深度，又有知识广度的全面发展。他们不仅能够在家庭中获得温暖和安全感，还能在幼儿园中获得知识和锻炼自己的社交能力。这种双重影响，使幼儿在面对未来的挑战时，既有家庭的情感支持，又有幼儿园所赋予的知识和技能，从而更加自信和从容。

4.强化家长参与

家园共育不仅是一种教育理念，更是一种呼吁，希望家长能够深度参与幼儿的教育。在这个理念中，家长的角色发生了明显的转变，从过去的旁观者变成了今天的合作伙伴和主要参与者。当家长积极地参与幼儿的学习过程，他们可以更直接、更真实地了解幼儿的需求、兴趣和所面临的挑战。与此同时，他们的参与也为幼儿提供了一个积极的榜样，显示出学习和成长是一件值得全家共同关心和投入的事情。

家长的参与能够加强其与教师之间的合作和沟通。在日常的幼儿园生活中，教师可能会观察到幼儿的某些行为和性格特点，而这些在家中可能不那么明显。同样，家长在家中观察到的一些幼儿的习惯和反应，也可以作为教师的参考信息。这种信息的双向交流，可以帮助双方更全面、更深入地了解幼儿，从而为他们提供更为个性化和精确的教育指导。

5.构建社区

家园共育的核心不仅仅在于单纯地鼓励家长参与幼儿的教育，更在于如何构建一个紧密、和谐的社区环境，让幼儿教育成为一个共同的目标，让家长、教师、幼儿，甚至更广泛的社区成员共同参与。一个健康的社区意味着信息和资源的共享。在这样的环境中，家长和教师能够共同分享教育方法、经验和资源，相互学习，共同成长。这种共享不仅增强了社区成员间的联系，也使得教育资源得到了最大化的利用。

家园共育不仅仅是一种理念，更是一种实践要求，需要家庭和幼儿园共同努力，以确保每一个幼儿都能在最佳的环境中成长。

（二）幼儿园与家长合作的重要性

幼儿园和家庭共同构成了幼儿成长和发展的两大主要环境。这两者的和谐合作对于幼儿的整体发展具有深远的影响。

1. 为幼儿提供一致的教育环境

幼儿园与家庭是幼儿成长的两个最主要的环境。这两个环境应该维持相似的教育理念和行为预期，为幼儿构建一个连贯的发展平台。这种一致性不仅为幼儿提供清晰的行为指引，也为他们创造了稳定的成长环境。

2. 优化教育资源的配置和使用

在幼儿教育中，信息和资源的共享至关重要。家长和幼儿园作为幼儿成长的双重支撑，需要紧密合作，确保资源得到最有效的利用。当双方实现信息流通和资源共享时，可以极大地增强教育的综合效果，确保幼儿在各个方面都获得充足的支持。

3. 及时解决或预防问题

沟通在幼儿教育中有着非常重要的作用。家长与教师的密切沟通不仅建立了一个强大的支持网络，而且为幼儿创造了有利于成长的环境。当两者之间存在良好的沟通机制时，识别和处理幼儿的问题变得更为迅速和有效。

4. 丰富教育方法与策略

家园共育的核心在于家长与教师的合作。这种合作不仅仅是简单的信息交流，更是对教育经验和策略的共同分享与探索。当家长与教师携手合作时，双方都能从中受益，并为幼儿提供更为丰富和深入的学习体验。

二、角色与责任

（一）幼儿园的角色与责任

在幼儿的成长和发展过程中，幼儿园起到了至关重要的作用。作为教育和照顾幼儿的主要机构，幼儿园承担了多重角色和职责，确保为幼儿提供安全、健康、富有教育意义的环境。

1. 教育者的角色

在专业知识上，幼儿园须确保所有教育工作者具备相关的专业知识和资质，能为幼儿提供科学、系统的教育；在课程设计上，需要基于幼儿的发展阶段，设计适合的课程，以满足他们的学习和成长需求；最后需要评估与反馈，对幼儿的学习进度进行定期评估，确保他们在各个领域都得到均衡的发展，并向家长提供反馈。

2.保护者的角色

提供安全环境，确保幼儿园的硬件设施及其日常运行都符合安全标准，防范各种安全风险；提供健康、营养均衡的饮食，满足幼儿的生长需求；加强情感支持，建立积极的师生关系，为幼儿提供情感上的支持和关怀。

3.社会化引导者的角色

教授幼儿基本的社交方法，如与他人分享和交流、解决冲突等；培养价值观，引导幼儿建立正确的价值观和道德观，如诚实、善良、尊重他人等；开展文化教育，通过多元化的活动，让幼儿了解并尊重不同的文化和传统。

4.合作伙伴的角色

与家长合作，建立良好的沟通渠道，确保家园之间的信息交流顺畅；与社区合作，利用社区丰富的资源，为幼儿提供更多元的学习和活动的机会。

5.持续学习者的角色

开展教育培训，鼓励教职员工参与持续的教育培训，不断提高其教育水平和教学技能；关注教育领域最新的研究成果和教育理念，调整和完善教育方法。

幼儿园不仅是幼儿学习和成长的地方，更是他们在家庭之外的第二个家。为了确保幼儿的全面发展，幼儿园需要充分认识到其角色和责任的重要性，并确保所有的工作都以幼儿的利益为出发点。

（二）家长的角色与责任

家长在幼儿的成长和发展中的作用是不可替代的。作为幼儿的第一任教师，家长的职责远远超出了单纯的生物学定义。他们的角色和责任是多层次、多维度的，关系到幼儿未来的幸福、健康和成功。

1.养育者的角色

满足幼儿的基本生存需求，如提供食物、衣物、住所和医疗保健，确保其身体健康和安全；提供情感支持，给予幼儿无条件的爱、关心和支持，让他们感受到被接纳、被理解和被珍视；对幼儿进行行为指导，为幼儿树立良好的榜样，培养他们良好的行为习惯。

2.教育者的角色

开展生活教育，通过日常生活中的实践活动，如做饭、打扫、购物等，教给幼儿生活技能；进行道德引导，通过日常的互动和对话，教授幼儿如何分辨对与错，培养他们的道德观念；给予学习支持，为他们提供学习资源和帮助，激发幼儿的好奇心和探索欲望。

3.合作伙伴的角色

与幼儿园合作，与幼儿教师建立良好的沟通，共同关心和支持幼儿的成长；与其他家长分享育儿经验和资源，共同为幼儿创造更好的成长环境。

4.倾听者的角色

理解和关心幼儿，花时间倾听幼儿的感受和想法，理解他们的需求和愿望，鼓励幼儿表达自己，对他们的想法给予积极的反馈。

5.社会化引导者的角色

教幼儿如何与人相处，培养他们的社交能力和团队协作能力；进行文化传承，向幼儿传递家庭文化等。

6.保护者的角色

避免各种可能对幼儿造成伤害的危险因素；当幼儿面临困境或危险时，为他们提供必要的支持和帮助。

三、有效沟通

（一）沟通的方法与技巧

沟通是连接人与人之间情感、思维和意图的桥梁。特别是在幼儿教育中，有效的沟通能够加强师生、家园的联系，让幼儿在爱和理解中成长。了解并掌握有效的沟通方法和技巧，对于建立和维护良好的人际关系至关重要。

1.主动倾听

完全关注，当对方在讲话时，全心全意地听，避免分心或打断对方；及时反馈信息，通过点头、表情和语言反馈，让对方知道你正在听；避免立即评判，给予对方足够的时间和空间表达，不要过早下结论或评判。

2.开放性提问

鼓励分享,使用开放式的问题,如"你怎么看?"或"你感受到了什么?"鼓励对方分享更多;避免封闭性提问,避免只需要"是"或"否"答案的问题,这可能会限制对话的深度。

3.非语言沟通

身体语言,通过眼神、手势、姿态等传达关心和关注;面部表情,如微笑、皱眉等都能传达你的情感和态度;注意语调,调整语速、语调和音量,使沟通更为和谐和真诚。

4.清晰、简洁地表达

避免冗长,简明扼要地传达信息,避免不必要的话语;目的明确,在开始沟通之前,清楚自己想要传达的信息或要达到的目的。

5.反馈与确认

确认信息,定期确认所听到的信息,以确保双方的理解是一致的;寻求反馈,鼓励对方反馈他们的感受和理解,确保沟通的有效性。

6.避免沟通障碍

消除干扰,在一个安静、无干扰的环境中进行沟通;避免预设立场,接受和尊重对方的观点,不要事先做出判断。

7.用积极的语言

鼓励和支持,使用鼓励的语言,表达对对方的支持和信任;避免负面标签,避免使用贬低或负面的标签描述对方。

(二)解决沟通障碍的策略

沟通障碍可能是人际关系中最具挑战性的部分。不仅仅是因为沟通障碍会导致误解或信息的错误传递,更重要的是,它们可能导致情感的隔阂、信任的缺失和合作的中断。为了克服沟通障碍,我们需要具备一套有效的策略。

1.认识并接受差异

了解并尊重对方的文化、背景和信仰,避免刻板印象和偏见;认知差异,每个人的知识和经验都是独特的,尊重对方的观点和感受。

2. 时机与环境感知

时机选择，选择一个双方都感到舒适的时间和地点进行沟通；确保沟通环境不会引发不必要的压力或干扰。

3. 积极的反馈循环

明确反馈，清晰地告诉对方你的感受和理解；邀请对方反馈，鼓励对方分享他的看法和感受。

4. 防止立即反应

停下来思考，在回应之前，给自己一些时间深思熟虑；深呼吸和冷静；如果感觉到自己被情绪驱使，采取一些放松的措施。

5. 建立共同基础

找出共同点，尽量找出与对方共同的兴趣、经历或目标；建立信任，通过真诚的沟通，双方逐渐建立信任。

6. 使用“树洞”技巧

物件反馈，即当你感到困惑或受挫时，试着向一个物体（例如一个小玩具）解释你的想法，这样可以帮助你更清晰地理解自己的观点；中和情绪，这种技巧可以帮助你从情绪中解脱出来，更客观地看待问题。

7. 避免多重信息干扰

一事一议，每次只讨论一个话题或问题，避免情感和信息的溢出；总结和确认，在转移到下一个话题之前，确保双方对当前的话题有共同的理解。

8. 培养同理心

站在对方的角度，试图理解对方的情感和立场；给予真诚的关心和支持，而不仅仅是出于礼貌或义务。

四、共同目标

（一）对幼儿的期望

对幼儿的期望不仅代表了家长和教师对幼儿未来的展望，还反映了他们对幼儿教育的理解和价值观。建立共同的期望可以帮助家长和教师更好地合作,共同为幼儿创造更有利于成长的环境。

1.身体健康

健康成长:幼儿健康成长,拥有强壮的体魄。

日常习惯:幼儿具有良好的生活习惯,如规律作息、平衡饮食。

2.情感社交

安全感:幼儿在家和幼儿园都能感受到被接纳和被爱。

社交能力:幼儿能够和同伴友好相处,学会分享、合作和解决冲突。

3.认知发展

好奇心与探索欲:幼儿对周围的世界充满好奇,敢于探索。

基础知识:幼儿能够掌握一些基础的数学、语言和科学知识。

4.道德和品格

价值观:幼儿具有正直、诚实和尊重他人等优良品质。

责任感:幼儿能够对自己的行为负责,对待任务有责任心。

5.自主性和独立性

解决问题能力:幼儿能够自己解决遇到的小问题。

自理能力:幼儿在日常生活中具有基本的自理能力。

6.审美与创造力

艺术欣赏:幼儿对音乐、绘画、舞蹈等艺术形式有基本的欣赏能力。

创意表达:幼儿能用各种方式表达自己的感受和想法。

7.适应能力

适应能力:幼儿能够适应生活中的变化,如转学、搬家等。

情绪调节:幼儿面对挫折和失败,能够调整好自己的情绪。

(二)教育理念的一致性

教育理念的一致性是家园合作的基石。当家长和教师维持相似的教育理念时,有助于形成连贯一致的教育环境，从而为幼儿提供更为稳定和积极的成长氛围。

1.理解教育的本质

教育不只是传授知识，更多的是培养幼儿全面的能力，包括情感、社交、道德等方面。真正的教育伴随着一个人的整个生命历程，而不仅仅是学前或学校时期。

2.培养幼儿的主体性

尊重幼儿：每个幼儿都是独特的，应该根据他们的特点和需求进行教育。

鼓励自主学习：幼儿应该是学习的主体，教师和家长的角色是引导者和支持者。

3.合作与参与

家长参与：家长不仅是幼儿的第一任教师，还是幼儿园教育的参与者。

建立合作关系：教师和家长应该建立平等、互信的合作关系，共同为幼儿的成长努力。

4.关注过程，而非结果

享受学习过程：学习不应该只是为了达到某个目标，更重要的是享受其中的过程。

错误是成长的部分：幼儿在学习中犯错误是正常的，重要的是从错误中学习和成长。

5.全面发展

身心和谐：注重幼儿的身心健康，确保他们在各个方面都得到良好的发展。

培养多元智能：不仅仅注重幼儿的智力发展，还要促进幼儿在艺术、体育、情感等多方面的发展。

6.生活化的教育

学习与生活相结合：真正的学习是与生活紧密相连的，幼儿应该在日常生活中学习和成长。

实践与体验：鼓励幼儿通过实践和体验来学习，这样更容易理解和记住。

任务二
家长工作

任务目标

1. 了解家庭教育的方法和策略。
2. 熟悉家长工作内容。

任务准备

1. 物质准备：纸、笔
2. 经验准备：了解过家园合作。

工作表单

工作表单

讨论思考

分小组讨论家庭教育的策略有哪些。

学习支持

一、家长工作概述

(一)家长在幼儿教育中的作用

幼儿教育并不仅仅是教师的责任,家长在其中也扮演了至关重要的角色。

1.情感基础的建立

幼儿在家庭中会潜移默化地学习如何与人进行情感上的交流。家长的爱、关心和支持为幼儿厚植了情感发展的土壤,使其能够自信地探索外部世界。

2.价值观与道德观的塑造

家庭是幼儿初步形成价值观和道德观的地方。家长的言传身教、家庭的日常互动,都在无形中为幼儿传递了什么是对的、什么是错的。

3.生活习惯的培养

从良好饮食习惯、生活作息的培养到基本生活技能的学习,家长是幼儿的第一任教师。

4.学习态度与方法的引导

虽然幼儿教育的重心不在于学术,但家长可以为幼儿提供一个学习的环境,培养其好奇心,鼓励他们发现问题,探索答案。

5.社交能力的培养

家中的亲人、亲朋好友的小孩等,都是幼儿最初的社交伙伴。在家长的指导下,幼儿开始学习如何与他人互动,如何解决与伙伴之间的小纠纷。

6.与教师的合作

家长与教师之间的沟通与合作为幼儿创造了一致的教育环境。家长可以了解幼儿园的教育理念和教育方法,与教师分享幼儿在家的表现,共同制订教育策略。

7.面对挑战时的支持

当幼儿遇到困难,如与同伴产生矛盾,或是进入新环境时产生恐惧,家长的鼓励和支持可以帮助幼儿建立面对挑战的勇气和信心。

家长在幼儿教育中的作用不容忽视。他们为幼儿提供了情感发展、价值观和习惯培养的基础，同时也是幼儿学习和成长过程中的重要促进者。家园合作，家长与教师的双向沟通和教育的一致性，对幼儿的成长和发展起到了关键性的作用。

（二）家长工作的重要性

家长工作不仅涉及幼儿的日常照顾与教育，还包括与幼儿园的沟通与合作。这样的工作确保了家庭教育与幼儿园教育的连贯性与一致性，对幼儿的全面发展有着深远的影响。

1. 确保教育的连续性与一致性

只有家长了解了幼儿园的教育内容与方法，他们在家中的教育行为才更可能与幼儿园保持一致，才能为幼儿创造稳定、连贯的教育环境。

2. 加强家长与幼儿园之间的互信

家长工作的开展，例如邀请家长参与幼儿园活动、家长会等，为家长提供了与教师面对面交流的机会。这种互动加强了家长与教师之间的理解和信任。

3. 鼓励家长参与增强责任感

当家长了解了幼儿园的教育目标、内容和方法，他们才更有可能积极参与幼儿的教育。这不仅增强了家长的责任感，还使他们成为幼儿教育的合作伙伴，而非仅仅是旁观者。

4. 为幼儿提供更为丰富的学习资源

家长工作可能包括分享家庭资源、文化和传统，为幼儿园的教育提供宝贵的补充。这种多元化的学习资源使幼儿获得更为丰富的知识与经验。

5. 及时解决幼儿学习与成长中的问题

家长工作中的沟通与合作使得家长与教师能够共同面对、分析并解决幼儿在发展过程中遇到的问题，从而促进幼儿健康全面地成长。

6. 强化家庭与幼儿园的合作关系

家长积极参与幼儿园的各项活动，这加强了家长与教师的合作关系，双方共同建立了一个积极合作的教育社区。

家长工作的重要性体现在它确保了幼儿教育的连贯性、一致性和多元性。这不仅有助于幼儿的全面发展,还促进了家长、教师与幼儿园之间建立起稳固、可信赖的合作关系。

二、家庭教育的方法与策略

(一)日常生活中的教育机会

日常生活中的教育机会是一种非常重要的家庭教育方法。家长可以在日常生活中,为幼儿创造学习和成长的机会。以下是一些方法和策略,可以帮助家长在日常生活中有效地进行家庭教育:①亲子交流;②共同参与;③日常安排与规划;④情感培养;⑤鼓励学习与探索;⑥培养良好的生活习惯。

通过日常生活中的教育机会,家长能够在幼儿的成长过程中起到重要的引导作用。这种方法不仅有效地促进幼儿的全面发展,还加强了家庭成员之间的互动,增进了彼此之间的感情。

(二)家庭教育与幼儿园教育的衔接

家庭教育与幼儿园教育的衔接是至关重要的,因为它直接影响到幼儿的学习和发展。家庭教育与幼儿园教育的衔接是一个相互合作的过程,需要家长和教师共同努力。通过建立紧密的合作伙伴关系、了解教育目标、为幼儿创造学习机会、培养幼儿良好的学习习惯、建立沟通渠道和尊重幼儿的个体差异,双方可以为幼儿提供一个良好的学习环境,促进他们的全面发展。

三、家长与幼儿的互动

(一)促进幼儿的身心发展

家长与幼儿的互动对于促进幼儿的身心发展至关重要。通过提供安全稳定的环境、保持情感联系、提供丰富的游戏和探索的机会、鼓励幼儿表达情感和想法、培养幼儿健康的生活习惯以及提供适当的挑战和支持,家长可以促进幼儿的身心发展,并建立积极的亲子关系。

（二）建立良好的亲子关系

建立良好的亲子关系对于幼儿的成长和发展至关重要。建立良好的亲子关系需要家长的关注、耐心和投入。通过提供高质量的陪伴、倾听和尊重、建立日常例行的互动、设定明确的规则、积极参与幼儿的学习、给予爱与关怀以及解决冲突和困难，家长可以与幼儿建立亲密的关系，并为他们的成长和发展提供支持和指导。

四、家长自我提升

（一）家长教育知识与技能的提高

家长教育知识和技能的提升对于做好家庭教育至关重要。幼儿教师可以通过指导家长自我提升，来促进家长教育理念的更新。家长自我提升的途径和方法有：①阅读教育书籍和资料；②参加家长教育课程和讲座；③参与在线教育课程；④寻求专业帮助和咨询；⑤加入家长群和社区群；⑥不断反思和学习。

（二）参与家长培训活动的意义

幼儿教师可以让家长了解参与家长培训活动的意义，家长才能更主动地参与各项培训，提升家庭教育水平。家长参与培训活动的意义：①学习新的育儿知识和技能；②与其他家长交流和分享经验；③增强亲子关系；④培育家庭价值观和文化传承。

任务三
家长会

微视频：
《班级家长会知识》

任务目标

1. 了解召开班级家长会的流程和步骤。
2. 能够模拟召开班级家长会。

任务准备

1. 物质准备：纸、笔。
2. 经验准备：了解过班级家长会的召开。

工作表单

工作表单1

归纳总结

归纳和总结召开班级家长会的流程，谈一谈召开班级家长会的注意事项。

工作表单2

撰写班级家长会方案

小组讨论并撰写班级家长会方案，并模拟开展。

家长会议题	议题一	
	议题二	
	议题三	
	议题四	
	议题五	
	议题六	
注意事项		
班级家长会方案		

学习支持

一、筹备与组织

为了确保幼儿园与家长之间建立良好的沟通，定期召开班级家长会是一个不可或缺的环节。通过家长会，教育者和家长可以共同探讨幼儿的成长和教育进展，以及其他相关议题。为了确保家长会的效果和效率，详细的筹备和组织是关键。

（一）确定议题、时间与地点

1. 议题的确定

可以从以下方面来考虑幼儿园班级家长会议题：

（1）教育进展。

学习情况反馈：具体讨论幼儿在各活动领域中的表现，如语言、艺术、科学等，展示幼儿的作品或成果，帮助家长更具体地了解幼儿的学习情况。

技能与情感：分享幼儿在人际交往、情感调节、团队合作等方面的发展，并提供相应的实例。

教师的观察：基于日常互动和教学，教师可以分享他们对幼儿的个性、兴趣和潜能的观察结果。

（2）教育策略。

教学方法：向家长介绍当前采用的教学方法或技巧，如项目式学习、探究式学习等。

家庭支持：为家长提供建议和资源，如相关书籍、游戏或应用，以支持幼儿在家中的学习。

合作机会：探讨家长如何与教师和幼儿园进行合作，共同推进幼儿的发展。

（3）特定议题。

幼儿园政策：如幼儿园有新的政策或规定，可以在家长会上进行详细的介绍和讲解，确保家长了解并遵循。

特定活动：介绍即将举办的幼儿园活动，如亲子运动会、作品展、节日活动等，鼓励家长参与和支持。

特殊关注：针对特定的问题或现象，如网络安全、健康饮食等，进行深入探讨或指导。

（4）家长反馈。

观察分享：家长可以分享他们在家中对幼儿学习和行为的观察结果，提供宝贵的第一手信息。

期望与建议：家长可以表达他们对幼儿教育的期望和建议，以及对幼儿园或教师的反馈和建议等。

共同解决：对于家长提出的问题，教师可以与家长共同探讨解决策略，确保幼儿的顺利成长。

2. 时间的选定

（1）合理安排。

调查筛选：通过问卷或在线投票的方式，收集家长的时间偏向，然后选择参与率最高的时间段。

备选方案：为不能参加的家长提供其他形式的沟通机会，如线上会议、电话沟通或另设时间面对面沟通。

（2）时间限制。

议程预设：会前制订详细的议程，为每个议题设定开始和结束的时间，避免某一议题内容过于冗长，占用其他议题的时间。

时间控制：在会议进行时，使用时钟或定时器确保每个议题在规定时间内完成。

总结与休息：预留一些时间供教师或家长对前一个议题进行简短总结，还要预留中间休息的时间，确保家长会议题不会过于密集，给家长留休息和互动的时间。

3. 地点的选择

（1）场地选择。

容纳人数：根据预估的与会家长数量选择适当的场地，确保每位家长都有舒适的座席，避免场地过于拥挤或空旷。

交通便利：考虑幼儿园周边的交通情况，尽量选择交通便利、易于家长抵达的场地。

环境因素：确保场地的通风、采光良好，同时噪声小，以保证家长能够在宁静、舒适的环境中交流。

（2）布局安排。

中心视野：无论是将会议桌布置成U形还是圆形，中间应保持开放，方便讲话者或教师展示内容。

便于交流:考虑到家长间互动的需求,座位应尽可能地设置成面对面,促进家长之间的交流互动。

活动空间:预留一些空间供家长或教师活动、展示或小组讨论,确保家长会顺畅进行。

(3)设备和资料。

技术支持:确保音响、投影仪等设备能正常运行,最好提前进行测试,避免会议中出现技术问题。

资料准备:根据议程内容提前准备并打印好相关的手册、讲义或准备好展示板,确保每位家长都能获得资料。

备用方案:准备一些备用笔、纸张、指示牌等常用物品,以备不时之需。同时,考虑到可能发生的技术故障,准备备用方案,如备用投影仪或音响设备。

(二)邀请与通知

1.邀请函的设计

正式性:邀请函应正式,可以使用幼儿园的标志或信头。

内容明确:确保邀请函中清晰地列明家长会的日期、时间、地点以及主要议程。

联系方式:为家长提供一名负责人的联系方式,以便他们有疑问或需要进一步的信息时能够及时进行沟通。

2.发送方式

纸质邀请函:将纸质邀请函直接发给幼儿,让他们带回家给家长。

电子邀请函:通过电子邮件、幼儿园官方网站或家长微信/QQ群等方式,将电子邀请函发送给家长。

短信通知:考虑到有些家长可能不常在线,可以通过手机短信形式发送简要通知,并在其中附上详细信息的链接。

3.提醒机制

提前通知:在家长会前2—3周,提前通知家长确保他们有足够的时间做出安排。

再次提醒:在家长会前2—3天,再次通过上述途径向家长发送提醒信息。

4.反馈与确认

电子形式:让家长通过电子邮件或微信/QQ方式回复是否能够参加。

电话确认:对于那些没有通过微信/QQ、电子邮件进行确认的家长,可以通过电话跟进,确认他们是否能够参加。

预估人数:根据家长的反馈,预估出席人数,以便更好地为家长会做准备。

5. 特殊考虑

翻译需求:对于那些不会中文的家长,考虑提供邀请函的翻译版本或在会议上提供翻译服务。

其他需要:考虑家长的特殊需求,如提供无障碍设施、为带小孩的家长提供儿童看护服务等,确保每位家长都能顺利、安心地参与家长会。

二、流程与内容

(一)开场与介绍

1. 签到与接待

签到处设立:在会场的入口处设立签到台,让家长入场时签到,并向其提供相关资料。

提供饮用水:可以提供茶水或果汁等,让家长感到宾至如归。

2. 欢迎致辞

园长发言:由园长对家长表示欢迎,并表达对他们参与会议的感谢。

目的与重要性:简要说明此次家长会的目的和重要性,强调家园合作的价值。

3. 自我介绍

教师团队:各班级的主要教师和助教进行自我介绍,包括介绍教学理念、教育背景和与幼儿的日常互动等。

其他工作人员:如幼儿园的医务人员等,也可进行简要的自我介绍,让家长了解他们的角色和职责。

4. 家长互动

自我介绍:鼓励家长进行简要的自我介绍,如自己的姓名、幼儿的姓名和所在班级。

分享期望:家长可以简要地表达他们对此次家长会的期望和希望得到的信息。

5. 日程概览

会议流程：简要地介绍会议的流程和重点议题，帮助家长了解接下来的议程。

时间管理：强调各个环节的时间安排，确保会议的顺利进行。

6. 注意事项

禁止打断：提醒家长除在讨论环节外不打断他人讲话，保持会议的秩序。

手机静音：请家长将手机调至静音或震动模式，以免影响会议进程。

（二）主题分享与讨论

1. 幼儿的学习进展

学期总结：班级教师对幼儿本学期的学习进展，以及行为习惯、人际交往等方面的发展做出总结。

亮点展示：通过照片、视频展示幼儿的作品或活动中的亮点。

建议与改进：对于一些普遍存在的问题或挑战，教师可以提出改进建议。

2. 教学方法与策略分享

方法与策略：教师分享本学期采用的教学方法和教育策略，并解释为何选择这些方法和策略。

家庭支持策略：为家长提供一些在家中可以使用的教育策略和建议，以帮助他们更好地支持幼儿的学习。

3. 特定议题深入

幼儿园政策或活动：如有新的幼儿园政策、规定或即将举行的活动，园长或教师可以进行详细介绍。

问题与答疑：为家长提供关于特定议题的提问机会，并由园长或教师进行回答。

4. 家长分享与反馈

开放发言：鼓励家长分享他们关于幼儿教育的观点、经验和建议。

问题提出：家长可以提出想要了解的问题，如关于幼儿在园表现的问题等，寻求教师的答案和建议。

5.小组讨论

分组原则:将家长根据幼儿的班级或年级进行分组,或按照讨论主题进行分组。

讨论指导:为每个小组提供讨论的主题或问题,并由教师或助教作为讨论组的主持人。

成果分享:每个小组选出一名代表,将小组讨论的主要观点或建议分享给大家。

6.专家引导

专家讲座:如有可能,可以邀请心理专家、教育专家等作为嘉宾为家长提供专业的建议和策略。

互动答疑:在专家讲座结束后,为家长提供向专家提问的机会。

(三)反馈与建议

1.家长意见征集

反馈表:提前为家长准备好反馈表,内容可以包括幼儿在家庭的表现、家长对幼儿园的满意度、家长希望幼儿园改进的方面等。

匿名信箱:为尊重家长的隐私和鼓励他们畅所欲言,设置一个匿名信箱供家长提交自己的反馈和建议。

2.开放发言时段

鼓励发言:鼓励家长主动发言,分享他们对幼儿在园的学习和生活的疑问和建议。

提供讨论问题:为家长提供几个可以讨论的问题,如“您觉得幼儿园在哪些方面可以做得更好?”“您希望幼儿园组织哪些活动?”

3.专人记录

重要信息记录:确保有专人负责记录家长的意见和建议,以供幼儿园后续参考和改进。

4.问题与答疑环节

即时回应:针对家长提出的问题或关心的事情,教师或园长进行即时回应。

解答疑虑:对于家长的疑虑,提供详细的解答,确保家长的疑虑得到解决。

5.完善工作计划

汇总反馈:在家长会结束后,幼儿园应当汇总所有收到的反馈信息。

行动计划:根据家长的反馈意见完善工作计划,并在下次家长会或通过其他渠道将这些计划与家长分享。

6.鼓励持续沟通

开放沟通渠道:鼓励家长在家长会结束后,通过电话、电子邮件等方式与教师保持沟通。

建立常规反馈机制:除了家长会,幼儿园可以建立其他常规反馈机制,如问卷调查、家访等。

三、跟进与反馈

(一)实施家长的建议

1.建议的评估

分类整理:首先对家长提供的建议进行整理和分类,按照主题和内容进行归纳。

深入研究:对于具有参考价值的建议,幼儿园管理团队和教育团队应进行深入探讨和研究,明确其可行性。

2.制订实施计划

设定优先级:不是所有有价值的建议都可以立即执行,需要设定优先级,根据建议的重要性和紧迫性决定先后顺序。

明确责任人:为每项建议指定一个责任人或团队,确保其得到落实。

制订时间表:为每个建议制订具体的实施时间表,确保按计划顺利进行。

3.执行与监控

分步执行:按照预先制订的计划,分步骤、分阶段实施家长的建议。

定期监控:对实施进度进行定期监控,确保其按计划进行,及时发现并解决可能出现的问题。

4.定期评估

效果评估:在建议实施后,对其效果进行评估,看是否达到预期效果或是否需要进行调整。

收集反馈：再次收集家长、教师和幼儿的反馈信息，了解建议实施后的实际效果。

5.与家长沟通

定期更新：将实施进度和效果定期反馈给家长，让他们了解幼儿园对他们建议的重视和实施情况。

开放沟通渠道：鼓励家长在建议实施过程中，提出问题、建议。

6.修正与调整

基于反馈调整：如果家长、教师或幼儿提供的反馈表明需要进行调整，及时修正计划后再实施。

持续改进：建议的实施不是一次性的，幼儿园应持续追踪其效果，并在必要时进行调整和优化。

（二）家长会后的沟通与反馈

1.沟通平台的建立

线上平台：利用幼儿园官方网站、家长微信群、电子邮件等手段，为家长提供持续的沟通渠道。

线下机会：定期组织家长茶话会、小型座谈会等，鼓励家长面对面地与教师和幼儿园管理团队进行交流。

2.及时发布会议纪要

内容概览：发布家长会的议题、讨论重点及结论。

建议记录：公布家长提出的建议以及幼儿园对这些建议的采纳结果和实施计划。

3.收集家长的反馈信息

满意度调查：对家长会的形式、内容和结果进行满意度调查，收集家长的意见和建议。

开放反馈渠道：提供一个易于家长使用的反馈渠道，如在线反馈表、建议箱等。

4.双向沟通的鼓励

主动询问：教师和幼儿园管理团队主动向家长询问他们对于教育计划和进展的看法。

互动增进：鼓励家长向幼儿园提出疑问、建议，家长与幼儿园形成有效的双向沟通。

5.建立长期沟通机制

定期会议：除了大型的家长会，还可以组织例行的小型家长交流会议，以便家长和教师就日常事务进行深入交流。

沟通指南：幼儿园为家长和教师提供有效沟通的指南和技巧，帮助双方建立更加和谐、积极的沟通氛围。

任务四

家长开放日

任务目标

1.了解组织家长开放日活动的流程和步骤。

2.模拟组织家长开放日活动。

任务准备

1.物质准备:纸张、笔。

2.经验准备:了解过班级家长开放日活动。

工作表单

工作表单 1

归纳总结

归纳家长开放日活动的流程,谈一谈家长开放日活动的注意事项。

家长开放日活动流程	流程一	
	流程二	
	流程三	

续表

<table>
<tr><td rowspan="3">家长开放日活动流程</td><td>流程四</td><td></td></tr>
<tr><td>流程五</td><td></td></tr>
<tr><td>流程六</td><td></td></tr>
<tr><td colspan="2">注意事项</td><td></td></tr>
</table>

工作表单2

撰写家长开放日活动方案

小组合作设计家长开放日活动方案,并模拟开展活动。

家长开放日活动方案

学习支持

一、筹备与组织

（一）确定活动内容、时间与地点

1. 内容的确定

（1）课堂实况展示。

课程选择：可以选择语言、艺术、数学游戏、科学探索等课程，确保所选课程既能展示幼儿园的教育特色，又能吸引家长的关注。

互动环节：在课程中穿插家长可以参与的小环节，如一起唱歌或一同完成一个小任务，让家长更深入地了解教学方式。

教师准备：教师应提前准备课程材料，并确保课堂教学顺利进行，尽量避免课堂中的意外情况。

（2）幼儿作品展示。

分类展示：将幼儿的作品按类别分区展示，如绘画区、手工区、写作区等，使家长可以轻松找到自己孩子的作品。

亮点标注：在幼儿作品的旁边添加小标签或说明，介绍幼儿在制作过程中的思考或创意。

作品描述：鼓励幼儿为自己的作品写一小段说明文字或感想（可由幼儿口述，教师代笔），放在作品旁边，增加家长的阅读兴趣。

（3）互动环节。

活动设计：除了常规的亲子游戏，可以设计一些创新的团队挑战游戏，如家长幼儿接力比赛、音乐椅子等。

活动指导：确保有专人在现场为家长和幼儿提供活动指导，使每个环节都能顺利进行。

安全保障：为确保活动安全，提前准备必要的安全设备，如防摔垫、防滑鞋等。

（4）家长教育讲座。

主题选择：选择当前家长最关心的育儿主题，如"如何培养孩子的独立性""孩子的性格培养"等。

互动时间：在讲座后留问答时间，让家长提出疑问，增强讲座的实效性。

资料分发：为家长提供讲座相关的纸质或电子版材料，方便家长回家后复习和参考。

2.时间的设定

(1)提前通知。

公布方式：通过幼儿园官方公告栏、家长微信群/QQ、短信或电子邮件等方式提前公布家长开放日活动的具体时间，确保信息可以覆盖到每一位家长。

提醒机制：在活动前一周和前2—3天，可再次通过手机短信或微信/QQ等方式提醒家长，避免家长因忘记而错过活动。

备选日期：若有部分家长因时间原因无法参加，可以考虑选择备选日期，以满足更多家长的需求。

(2)选择日期。

提前了解：提前了解家长更偏向哪个时间段参与活动，从而确定具体的日期。

考虑因素：在选择日期时，考虑避开公众假期、幼儿园其他重要活动日或当地的大型活动日，确保有更多的家乡能够参与家长开放日活动。

均衡安排：考虑在不同的时间段(如上午和下午)都安排活动，让家长根据自己的时间选择合适的时段参与。

(3)时间安排。

分时段安排：将2—3个小时的活动细分为多个不同时段的小活动，如课堂展示、互动游戏、讲座等，确保活动流程有序且紧凑。

休息与互动：在活动中穿插10—15分钟的休息时间，供家长休息、交流或参观幼儿的作品。

时间控制：为每个环节设定明确的开始时间和结束时间，避免某一环节过长导致整体活动延时。有必要的话，可以指定专人负责时间的控制和提醒。

3.地点的选择

(1)场地选择。

操场：适合大型的互动游戏和户外活动。当天的天气状况是重要的考虑因素，如遇雨天计划有变，须提前通知家长。

多功能厅：适合举办家长教育讲座、幼儿表演或作品展示。须确保有良好的视听效果和足够的座席。

大教室：可用于小规模的分组活动，如家长、幼儿、教师的小组讨论。

安全考量：确保所有活动区域都无危险物品，如电线、尖锐物等。入口和出口应畅通无阻，方便家长和幼儿快速进出。

（2）布局安排。

展示区：摆放幼儿的作品，包括画作、手工制品等，可配以说明牌介绍创作背景或意图。

互动区：为家长和幼儿设计的游戏区域或活动区域，应有充足的活动空间。

休息区：提供座位和饮用水，供家长和幼儿休息。

此外，还要确保家长和幼儿能够轻松地从一个区域到另一个区域，避免出现拥堵情况。

（3）设备与物资。

视听设备：提前检查投影机和音响设备，准备备用电池和电线。

游戏道具：根据活动设计提前准备道具，如球类、绳等。

展示作品：将幼儿的作品整齐地展示，确保不容易被风吹落或被触碰而掉落。

座位安排：确保有足够的座位供家长坐，尤其是多功能厅中。

其他物资：提供饮用水、茶、糕点、纸巾、药箱等，确保家长和幼儿的基本需求得到满足。

（二）家长的邀请与通知

1. 制作邀请函

内容：明确活动的目的、内容、时间和地点，简要介绍当天的重要环节。

设计：使用吸引人的图案和色彩，可以让幼儿参与设计，更能引起家长的兴趣。

形式：既可以是传统的纸质邀请函，也可以考虑电子函邀请，如通过电子邮件或社交平台发送电子邀请函。

2. 通知方式

书面通知：让幼儿将纸质邀请函带回家给家长。

电子通知：通过电子邮件、家长微信/QQ群、幼儿园官方网站或应用程序发送电子邀请函。

电话通知:对于那些不常查看信息的家长,可以进行电话通知。

3.提醒机制

初次通知:在活动前一个月进行第一次通知。

二次确认:在活动前一周再次提醒家长,并请他们确认是否参与。

最终提醒:在活动前2—3天,通过手机短信或电话提醒家长即将进行活动。

4.信息收集

参与确认:请家长在收到邀请信息后尽快确认是否参加,以便幼儿园提前准备所需物资和安排座位。

特殊需求:询问家长是否有特殊需求,如膳食要求、无障碍设施等。

5.互动渠道

允许家长提前提问,或对活动提出建议和期望。

二、流程与内容

(一)活动开始与导览

1.签到台

设立位置:在幼儿园入口处设立一个明显的签到台。

物资准备:提供签到册、名牌、活动流程单、地图以及小礼品等。

签到流程:家长在签到册上签字,领取名牌、活动流程单和小礼品,并按需要领取地图等。

2.欢迎致辞

时间安排:在活动开始后的前5分钟。

主要内容:由园长或班主任代表对家长表示欢迎,简要介绍活动的目的和内容,强调此次活动的重要性。

3.园区导览

导览团队:由教师或熟悉园区的家长领队。

路线规划:提前规划好导览路线,确保覆盖幼儿园的主要设施和活动区。

亮点介绍：在导览过程中，领队应特别介绍新的或者特色的设施和教学方法，如特色教室、阅读角、科学实验区等。

4.示范课程

时间安排：在导览结束后的30分钟。

课程选择：选择一两节具有代表性的课程，如特色的音乐、美术或科学实验课。

课程流程：教师先对课程背景和目标进行简单介绍，然后开始正式教学，家长可以坐在后排或者旁边进行观摩。

5.问答环节

提问时间：在示范课结束后，为家长提供5—10分钟的提问时间。

回答方式：由教师或园长回答与示范课程或导览相关的问题。

6.小组互动

组织方式：将家长分小组，每组由一名教师或家长带领。

活动内容：进行一些简单的团队游戏或讨论，加强家长之间的相互了解和交流。

（二）活动环节的介绍与互动

1.幼儿作品展示

设立展示区：专门设立一个宽敞的展示区，展示幼儿的绘画、手工、写作等作品。

导览方式：教师或班级负责人带领家长参观，详细介绍每个作品背后的故事或幼儿的创作思路。

互动环节：鼓励家长找到自己孩子的作品，并与孩子一起交流创作过程，同时也可以留下评价或鼓励的话语。

2.亲子游戏

活动设计：设计一些简单但有趣的亲子游戏，如“家长幼儿三腿赛跑”“同心协力过河”等。

活动目的：加强家长与幼儿的互动，增进彼此的情感联系。

互动方式：家长和幼儿组成团队参与游戏，教师或活动负责人解释规则。

3. 家长教育讲座

讲座主题：涉及幼儿的教育方法、心理健康等主题。

专家指导：邀请有经验的心理医生或教育专家进行分享。

互动环节：在讲座结束后预留时间，让家长提问或分享自己的经验和看法。

4. 家长茶话会

设置目的：提供一个轻松的环境，让家长与教师和家长之间交流和分享经验。

准备茶歇：提供茶水、糕点等，设立舒适的休息区。

互动方式：在茶话会中，可以提前设置话题，如“孩子最近的小成长”“家庭教育的小窍门”，引导家长进行交流。

（三）家长的体验与参与

1. 参观体验

熟悉环境：家长可以在开放日中深入了解幼儿园的环境，感受幼儿在园的真实生活。

亲自体验：家长可以尝试参与一些幼儿的日常活动，如阅读、绘画或音乐活动，以更好地了解幼儿的学习情况。

2. 与幼儿互动

共同完成：在亲子游戏或团队任务中，家长和幼儿共同完成任务，体验合作的乐趣。

了解幼儿：家长可以从幼儿的角度看到他们在幼儿园的互动、合作和学习方式，更好地理解幼儿的需求和情感。

3. 与教师和其他家长交流

与教师沟通：家长可以直接与教师交谈，了解幼儿在园的表现和进步，同时也能为幼儿教师提供更多的家庭环境信息和幼儿在家的表现情况。

家长之间分享：家长之间可以分享彼此的育儿经验，互相学习。

4. 现场反馈与建议

直接反馈：家长可以通过填写反馈表或与组织者直接交谈，对活动提出建议或表达期望，确保活动更贴近家长和幼儿的实际需求。

现场调整:对于家长提出的一些实用建议,组织者可以考虑现场进行调整,以提高活动的满意度。

5.艺术体验

艺术展示:幼儿园可以展示幼儿参与的艺术项目,如舞蹈、音乐、绘画等。

家长参与:鼓励家长参与一些简单的艺术体验活动,如手工艺品制作、绘画或合唱,与幼儿共同创造美好的回忆。

三、总结与反馈

(一)活动总结与评价

1.数据收集

参与率统计:对参与家长开放日活动的家长数量进行统计,了解实际参与情况,与预期进行对比。

活动参与次数:记录各个活动家长参与的人数,分析哪些活动最受家长欢迎。

2.教师和工作人员的反思

团队会议:组织教师和工作人员进行团队会议,讨论哪些环节做得好,哪些需要改进。

建议征集:鼓励大家提出活动改进建议,以便下次活动能组织得更好。

3.活动效果评估

幼儿的反应:观察幼儿在活动中和活动后的反应,通过他们的行为和表情,评估活动对他们的影响。

长期效果跟踪:家长开放日后,观察家园合作是否有所加强,家长是否更积极地参与幼儿的教育过程。

4.总结报告

撰写总结报告:根据收集到的数据和信息,编写一份详尽的活动总结报告。

发布与分享:将总结报告分享给所有的家长、教师和工作人员,让大家都了解活动的效果和后续计划。

（二）获取家长的反馈与建议

1. 设置反馈区

在活动现场设置专门的反馈区，邀请家长在活动结束后直接将他们的意见和建议写在上面。

提供纸质反馈表，鼓励家长填写他们的具体看法，尤其是对活动亮点的评价和需要改进的地方。

2. 在线调查问卷

制订详细的调查问卷，通过幼儿园官方网站或家长微信/QQ群分享调查问卷链接。问卷中可包括多选题、打分题和开放式问题，以获取家长对活动的全面评价。

3. 家长反馈会

在家长开放日后的一周内，组织一个家长反馈会议。在会议中，家长可以直接与教师和幼儿园管理团队交流他们的看法。

4. 反馈电子邮箱与信箱

设立一个专门的电子邮箱，供家长在活动后发送他们的反馈意见。

在幼儿园的接待处或显眼位置设置一个实体信箱，让家长可以匿名提交他们的意见和建议。

5. 电话与面对面沟通

鼓励家长直接与班主任或管理团队沟通，表达他们对活动的看法。为家长提供一个安全、私密的环境，确保他们可以自由地表达自己的想法。

6. 数据分析与整合

将收集到的所有反馈信息进行整合，并进行数据分析，找出家长普遍关心的问题及其建议。根据反馈结果，制订改进策略，确保下一次的活动更加贴近家长的期望。

家长的反馈是幼儿园持续改进的关键。只有真正听取家长的意见，才能够确保活动更加完善，更好地满足幼儿和家长的需求。

项目评价

主题	内容	优秀	良好	一般	较差	很差
学习态度	能完成全部学习任务，完成工作表单	5	4	3	2	1
专业知识	理解幼儿园与家长的关系，了解家长工作的内容，了解家长会和家长开放日的流程	5	4	3	2	1
研讨精神	积极参与讨论，对其他人的发言能提出合理的见解	5	4	3	2	1
团队协作	能很好地融入课堂小组讨论，共同推进学习进程	5	4	3	2	1
沟通交流	能够清晰准确地表达自己的观点，与他人交流时态度、语气恰当	5	4	3	2	1
人文素养	能够关注家园合作的知识，有意识地树立职业精神	5	4	3	2	1
信息素养	会检索常见的学前教育文献数据库，主动阅读学前教育专业文献	5	4	3	2	1
实践应用	能撰写家长会、家长开放日等活动的方案，并模拟组织活动	5	4	3	2	1
自我小结						

项目小结

通过本项目的学习，我们认识到了通过多方面的努力，增强幼儿园与家长之间的合作与信任，有利于促进幼儿的全面发展。任务一明确了幼儿园与家长的角色和职责，建立了有效的沟通渠道；任务二详细分析了在家园共育中的家长工作内容；任务三通过组织班级家长会，增进了家长对幼儿教育的理解和支持；任务四介绍了通过家长开放日活动，展示幼儿园的教学环境和活动，进一步加深家长的信任和参与。

实践实训

到幼儿园参加一次家长会和一次家长开放日活动。

拓展阅读

[1]顾洛盈，马丽枝.提升幼儿园家长开放日活动有效性探析[J].基础教育研究，2022(22).

[2]缪晓方.家园合作共育——共同负起责任[M].南京：南京师范大学出版社，2023.

项目八

幼儿园班级管理

项目目标

知识目标

掌握幼儿园各年龄班幼儿身心特点，以及生活常规和教育常规管理的内容和要求。

技能目标

通过情景模拟，提高对幼儿园各年龄班幼儿的管理能力。

素质目标

提升职业素养，树立现代幼儿园班级管理意识。

学习重难点

学习重点

掌握幼儿园各年龄班幼儿身心特点，以及生活常规和教育常规管理的内容和要求。

学习难点

初步学会管理幼儿园各年龄班。

思维导图

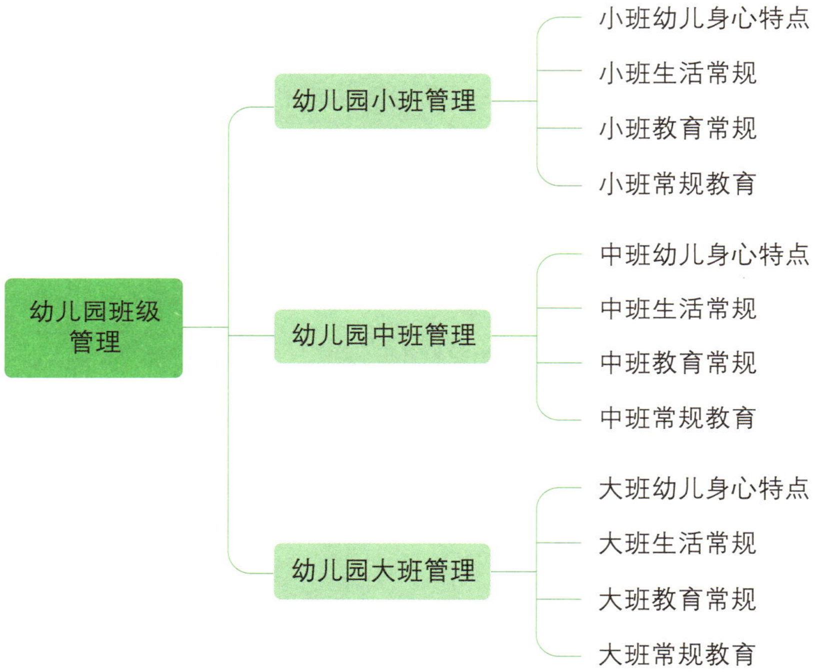
幼儿园班级管理
幼儿园小班管理
小班幼儿身心特点
小班生活常规
小班教育常规
小班常规教育
幼儿园中班管理
中班幼儿身心特点
中班生活常规
中班教育常规
中班常规教育
幼儿园大班管理
大班幼儿身心特点
大班生活常规
大班教育常规
大班常规教育

任务一 幼儿园小班管理

任务目标

1. 掌握小班幼儿身心特点、生活和教育常规管理内容和要求.

2. 通过情景模拟,提高对小班幼儿的管理能力,提升职业素养。

任务准备

1. 物质准备:短视频"小班幼儿初入园哭闹""小班秩序混乱""小班幼儿进餐慢""小班幼儿不正确洗手""新进的幼儿教师错误指导教学活动"等,纸、笔。

2. 经验准备:到幼儿园见习,对幼儿园小班管理有所了解。

工作表单

工作表单1

思考讨论

讨论:如何做好小班幼儿管理工作,如何营造温馨快乐的班级氛围?

工作表单2

思考讨论

讨论:如何培养小班幼儿自己的事情自己做?如何规范小班幼儿的生活常规?

工作表单3

观察思考

观察某小班教师指导幼儿教育常规的内容,做好观察记录。

观察记录表	
观察时间	
观察地点	
观察教师	
观察内容	

学习支持

微视频：
《小班幼儿身体发展特点》

一、小班幼儿身心特点

（一）身体发展特点

1.小班幼儿身体机能发展尚未成熟

幼儿园小班一般为3—4岁的幼儿，其身体柔软，机体各项功能还未发育成熟，脑的发育迅速，还不能很好地控制身体，易损伤，需要特别照顾。

2.身体发育迅速，个体特征逐步明显

3岁以后的幼儿，身体生长迅速，器官逐渐发育成熟，学会独立地坐、站、走、跑等动作，主动地探索周围的世界，与环境建立联系。个体的性格和气质类型逐渐明显。

（二）认知发展特点

1.思维方式以直观形象思维为主，具有简单的行为表现

小班幼儿年龄小，思维方式主要是直观形象思维。随着不断学习和成长，幼儿思维慢慢变得灵敏，逐渐分得清楚颜色，但对于时间和空间还不能把握。比如，入园时，书包被放在外面的柜子里，不在幼儿的身边，幼儿就不会想到书包在外面。不在眼前的实物，很难被记起来。

2.言语发展以模仿为主，具有初步听说能力

小班幼儿正处于语言发展的关键时期，慢慢地学习语言交流。这一阶段的言语发展主要靠模仿，从“咿咿呀呀”到清楚发音，从说词、短句到说长句，逐步具备听说的能力。

（三）情绪发展特点

1.具备初步的情感基础

小班幼儿已显示出成人所具有的大部分情绪。幼儿的情绪反应也主要取决于需求满足的情况和身体健康情况，情感的发展与情感的体验，可以帮助幼儿扩大社会交往的范围，并使其能有效适应环境的变化。

2.情绪表现不稳定，易哭闹

幼儿从家庭到幼儿园，是首次从一个熟悉、有安全感的环境进入一个陌生环境。一般而言，2—3岁的幼儿心里都会有不适应的感觉，这种不适应的感觉导致了幼儿不愿意来幼儿园。由此产生的情绪叫作“分离焦虑”，表现出易哭闹，不想上幼儿园。幼儿教师可以使用适当的方法转移幼儿的注意力，教会幼儿逐步适应幼儿园的生活。

二、小班生活常规

小班是幼儿跨入集体生活的一个转折点，是进行生活常规教育的关键时期。小班生活常规的管理一定要依据小班幼儿的生理、心理特点和常规教育的规律，从一日生活的各个环节来确定小班生活常规管理的内容，每个环节的目标要明确、具体。

(一)入园环节

①向教师问好；②携带手帕，衣着整洁来园；③接受晨检；④将外衣、帽子放在固定地方；⑤学习双手轻拿轻放小椅子。

(二)进餐环节

①餐前洗手，安静入座；②正确使用餐具；③细嚼慢咽，不挑食、不剩饭(注意桌面、地面整洁，注意衣服干净)；④餐后自己擦嘴、漱口；⑤自己取水、喝水。

(三)盥洗环节

①在教师的帮助下，逐渐掌握洗手、洗脸的方法；②餐前、便后、手脏时主动洗手；③在教师的指导下能分清男女厕，并学会正确如厕；④盥洗时保持地面干爽、清洁。

三、小班教育常规

(一)游戏活动

①加强安全教育，引导幼儿在游戏中增强自我保护意识；②指导幼儿收拾玩具、清理场地；③能够在各种锻炼活动中注意安全，不做危险动作，身体有任何不适及时告诉教师；④锻炼前后及过程中，自己学会增减衣服。

(二)教学活动

①坐姿自然、端正；②阅读姿势、握笔姿势正确，说话、唱歌声音适中；③不把学习用品放入口中。

四、小班常规教育

（一）编制儿歌，常规朗朗上口

小班幼儿喜欢玩闹，对新鲜的事物感兴趣，一般的说教显然不适用于小班常规教育。幼儿教师要学会使用儿歌，将常规教育融合在儿歌学习中。例如，《运用小手拍一拍》儿歌将幼儿从混乱状态转为认真等待，幼儿边唱边做动作："小手小手拍一拍，我把小手伸出来。小手小手拍一拍，我把小手举起来。小手小手拍一拍，我把小手藏起来。"一日常规自编儿歌详见项目三任务一【拓展小站】。

（二）组织游戏，教育遵守规则

游戏活动是幼儿园的基本活动。幼儿有好胜心，合理的好胜心可增强幼儿的意志。幼儿教师要善于组织游戏，教会幼儿遵守规则，使幼儿养成良好的行为习惯。

（三）善用表扬，营造积极的氛围

小班幼儿刚到幼儿园，抗挫折能力弱，喜欢被表扬。幼儿教师要学会用表扬的教学方法，营造积极的班风，为幼儿的茁壮成长创造条件。但是要避免滥用表扬，表扬不得当反而会产生反作用。

【拓展案例】

优秀的小班常规实例：生活常规之喝水、如厕环节

幼儿园的常规教育是幼儿园教育教学中很重要的一部分，尤其对于小班孩子来说，可以说是最重要的一部分，因为良好的班级常规是一切活动的基础。喝水、如厕、整理玩具是常规教育的重点。在孩子们喝水、如厕、整理玩具的时候常常会有一些不好的习惯出现。特别是小班的幼儿，守规则意识还比较淡薄，他们常会把在家里养成的一些不良习惯带到幼儿园里来。

小班第二学期开学的第一周，孩子们喝水、如厕的时候常常大声讲话。虽然老师会提醒孩子们，在喝水、如厕时不要大声说话，但是他们似乎记不住，老师刚说过，过了一会儿他们就又开始讲了，有时候还会越讲越起劲，似乎这样一遍遍的提醒并没有起到作用。有时候孩子们在喝水、如厕时乱挤、不主动排队，整个教室看起来乱哄哄的；还有些幼儿端不稳水杯，水杯里的水会洒到地上；另外在整理玩具时，孩子们都着

急把玩具送"回家",就随便送到一个空位置,没有把玩具送回之前的位置,更有甚者,玩具还没有整理好,就着急送回去了。

从第二学期第一周到现在,我每天都会对孩子们的喝水、如厕情况拍视频、拍照片,然后投放到屏幕上让孩子们看自己活动时的情况。孩子们会认真地观看自己的活动视频、照片,他们会对自己在活动过程中存在的问题进行点评,会想办法解决问题。在这个过程中,我尽量不急于表达自己的观点,做到绝对相信孩子们,给予孩子们最大的尊重和信任。

(来源于泾川县第三幼儿园)

任务二

幼儿园中班管理

任务目标

1. 掌握中班幼儿身心特点、生活和教育常规管理的内容和要求。

2. 通过情景模拟，提高对中班幼儿的管理能力，提升职业素养。

任务准备

1. 物质准备：准备短视频“中班幼儿一日生活”“中班幼儿同伴交往”“中班幼儿情绪不稳定”“中班幼儿有攻击性行为”“教师处理中班幼儿情绪不稳定的案例”“教师处理中班幼儿告状行为”，纸、笔。

2. 经验准备：到幼儿园见习，对幼儿园中班管理工作有所了解。

工作表单

工作表单 1

思考讨论

讨论：如何强化班级生活、教育常规？如何强化中班幼儿的自我管理和相互监督？

工作表单2

思考讨论

讨论：如何培养中班幼儿自己的事情自己做的意识和行为？如何规范其生活常规？

工作表单3

思考讨论

讨论：如何做好中班幼儿日常的教育管理？

学习支持

一、中班幼儿身心特点

（一）身体发展特点

1. 体能明显增强，动作发展迅速

中班幼儿身体比较结实，肌肉耐力明显增强，动作发展迅速，身体活动量大。大运动更为灵活，不但可以自如地跑、跳、攀登，而且可以单足站立，会抛接球、骑小车等；手指动作更精细、准确，可以熟练地穿脱衣服、扣扣子、拉拉链、系鞋带等，生活自理能力大大提高，也会折纸、穿串珠、拼插积木等。动作质量明显提高，既能灵活操作，又能坚持较长时间，但自我保护能力仍比较差。

2. 身体机能明显发育，探索世界范围变大

中班幼儿身体机能发育更成熟，逐渐稳定掌握走、跑、跳、攀登和平衡的动作要领，还能做复杂的如跳绳、翻单杠、爬树等动作。动作的稳定性和协调性明显增强，开始逐步扩大活动的范围，探索外部世界的好奇心越来越强。此外，大脑皮质的功能明显发育，睡眠时间减少，活动时间延长。

（二）心理发展特点

思维形式逐渐转变，意志力逐渐增强。中班幼儿思维从直观形象思维向具体形象思维过渡，主要依靠事物的具体形象和表象联想思维，抽象思维也开始萌芽；词汇量迅速增加，发音正确，语言表达能力提高；对事物充满好奇，认知能力迅速提高，求知欲增强，最爱问为什么；意志力逐渐增强，行动有了初步的目的性、组织性，能在集体生活中较好地遵守规则，能完成一些简单任务；交往能力得到发展，情感发展迅速，自我中心特征十分突出，最喜欢听故事、看图画书等。

二、中班生活常规

中班幼儿已经经历了一年的幼儿园生活，是持续加强生活常规教育的关键时期。一定要依据中班幼儿的生理、心理特点和常规教育的规律，从一日生活的各个环节来确定中班常规管理的内容，每个环节的目标要明确、具体。

(一)入园环节

①衣着整洁,愉快入园,有礼貌地和教师、同伴打招呼,与家长告别;②乐意接受教师的晨检,会将身体不舒服的感觉告诉教师;③将自己的衣物整齐地放在固定的衣柜里;④积极参与区域活动,遵守活动规则,活动后将玩具放回原处,摆放整齐;⑤担任值日生时认真完成任务。

(二)进食环节

①有主动饮水的意识,每次喝水半杯以上为宜;②正确使用餐具、餐巾,进餐时不大声讲话,用完餐再站起来;③主动整理好自己的餐具,收拾食物残渣,轻放椅子,离开饭桌;④餐后用餐巾擦嘴,会用正确方法漱口;⑤遵守规则,用餐时不乱跑、不喊叫、不打闹。

(三)盥洗、如厕环节

①能卷好袖子后再用正确的方法洗手,冲洗干净后对准水池甩三下,会用自己的毛巾将手擦干净;②能根据需求主动如厕,并能够用正确的方法擦拭,能提好裤子并注意腹部保暖。

(四)离园环节

①离园前把玩具、椅子收放整齐、归位,整理好活动材料;②整理自己的仪表,带好自己的物品,不是自己的东西不拿;③主动向教师、同伴及其他家长道别;④不独自离开幼儿园,有初步的安全意识。

三、中班教育常规

(一)游戏活动

①活动中幼儿能按自己的意愿参与活动,并按自己的兴趣选择活动区域;②活动中幼儿大胆选择材料并和材料互动,和同伴互动;③学习合作和分享,感受合作、分享的快乐;④敢于面对和改正自己的错误;⑤活动结束后,主动整理活动材料,物归原处。

（二）教学活动

①与教师、同伴分享活动经验；②能安静、耐心地倾听同伴的表述，别人发言时不打断；③能积极大胆地表达自己的意见，做到举手发言、轮流发言；④学会连贯、完整地表述，语速适中。

四、中班常规教育

（一）强化班级常规，师幼共同遵守

中班幼儿开始建立是非观，对事情也有自己的判断，但他们的规则意识才开始萌芽，还比较模糊，知道表扬是好事，批评是不好的。这个时期还是幼儿开始学习如何与同伴交往的关键期，所以同伴的看法对于幼儿来说非常重要。利用插片让幼儿感受有规则和无规则的差异：在进行没有规则的游戏时，很多筐里的插片都被倒在桌面上，有时还跟其他玩具混在一起；在进行有规则的游戏时，活动变得有序了，有了明确的搭建目的，也不用花时间去寻找玩具。班级常规要让每一位幼儿、教师都知晓，每一位幼儿、教师都要有意识地遵守。每天离园前要对当天班级幼儿、教师遵守常规的情况做一个总结，盘点大家是否都遵守了班级常规。教师组织幼儿讨论，让规则深入心中，明确什么样的规则是有益的，什么样的行为是被大家所接受的，这将为幼儿融入集体起到非常重要的作用。对于非常遵守常规的幼儿，教师要及时进行表扬；对于不遵守的幼儿，教师要进行恰当的引导。

（二）尊重幼儿想法，发挥自主意识

对于中班幼儿，教师要尊重他们的意见，让其感受到自己是集体中的一员。所以幼儿教师制订班级常规时，要发挥幼儿的主动性，让幼儿畅所欲言，共同讨论班级常规内容，强化幼儿的规则意识。如果在一日活动中，有一些常规不合适，需要及时与幼儿沟通，修正不合适的常规。

（三）科学运用“小班长”，形成良好的班风

中班幼儿自主意识逐渐加强，幼儿教师应充分尊重幼儿的想法。幼儿教师可以采用小班长策略，可以选择常规遵守得很好的幼儿当小班长或者幼儿轮流当小班长，监督、评价其他幼儿遵守常规的情况，这样可以形成良好的班级氛围。

【拓展案例】

优秀中班常规案例:一起“趣”整理

区域活动时,我和孩子们一起在美工区做剪纸和泥工活动。沐沐的剪纸快完成了,只剩下最后一步——用胶带把剪好的纸粘一下就完工了。只见他走到美工车旁,翻找了一下,又转到美工车的另一边继续翻找。然后两手空空走到我身边说:“老师,胶带放在哪里呢?”“胶带在美工车里放着。”我回应道。沐沐:“可是我刚才没有找到。”“老师,美工车上太乱了,我刚才也没找到油画棒。”沐沐身边的天艺补充道。不一会儿,又陆续出现了类似的问题:“老师,画画的白纸没有了。”“老师,用来折纸的彩纸好多褶……”

整理物品是一种习惯,幼儿生活中的方方面面都会涉及。《3—6岁儿童学习与发展指南》中对“具有基本的生活自理能力”给出的教育建议:“提供有利于幼儿生活自理的条件,如:提供一些纸箱、盒子,供幼儿收拾和存放自己的玩具、图书或生活用品。”美工车用来存放幼儿常用的纸、笔、彩泥、剪刀、胶带等,引导幼儿学习有序整理,方便游戏开展,有助于幼儿养成良好的收纳习惯。

片断1:美工车——“趣”归类

区域分享时间,我和孩子们就美工车的问题进行讨论:“你们在区域游戏的时候,遇到了哪些问题?”

沐沐说:“老师,美工车上的东西太多,不好找东西。”

子欣说:“我也是,我也找不到自己想要的彩纸。”

其他孩子也说:“美工车上的东西太多了,都把材料挡住了。”

我把美工车推到孩子们面前,孩子们发现盖子都盖不上,物品东倒西歪的。我又把美工车各个细节以照片的方式直观地向幼儿呈现,孩子们看到乱糟糟的美工车纷纷表示心里很难受,很不开心。

我接着问:“美工车太乱了,我们应该怎样解决呢?”

小熊提议:“美工区材料太乱了,得收拾一下。”

依依急忙道:“盖子要盖上!”

思淼抢着说:“笔跟笔放一起,胶棒跟胶棒放一起。”

涵涵也说:“工具服要叠好,不能卷。”

真实的问题是引导教育的开始。孩子们能发现美工车很乱,东西太多,找东西也不方便，提出物品归类放的方法。中班幼儿能发现问题，提出一定的解决方法，说明他们开始关注生活中的问题，这是社会性发展的表现。

给予幼儿真实的问题情境、可操作的学习情境，让幼儿通过直接感知、亲身体验、实际操作来学习整理方法。教师及时关注幼儿问题，发现教育契机，带领幼儿讨论交流，鼓励他们表达想法，支持幼儿动手实践，引导幼儿成为生活的主人，在实践中学习整理物品的方法。

（来源于北京市延庆区第七幼儿园）

任务三

幼儿园大班管理

任务目标

1. 掌握大班幼儿身心特点、生活和教育常规管理的内容和要求。

2. 通过情景模拟，提高对大班幼儿的管理能力，提升职业素养。

任务准备

1. 物质准备：小视频“大班幼儿午休时，爱打闹，不能按时入睡”“教师处理大班幼儿爱告状行为”，纸、笔。

2. 经验准备：到幼儿园见习，对幼儿园大班管理有所了解。

工作表单

工作表单 1

思考制作

根据《3—6 岁儿童学习与发展指南》，制作一份大班班级管理周计划。

大班班级管理周计划

工作表单2

思考讨论

讨论：如何培养大班幼儿自己的事情自己做的意识和行为？

工作表单3

思考讨论

讨论：如何做好大班幼儿日常的教育管理？

学习支持

一、大班幼儿身心特点

(一)身体发展特点

大班幼儿身体机能发育逐步成熟,动作发展基本完善,平衡能力明显增强,能够很好地运用四肢做动作,能很好地控制手腕,运用手指操控各种玩具。在体育活动中,动作反应灵敏,动作行为已接近成人。

(二)心理发展特点

1.思维发展迅速,求知欲望强烈

大班幼儿仍以具体形象思维为主,但抽象思维明显萌发,思考的问题越来越复杂,对外部世界的探求欲望越来越强烈,经常会听到他们说"这是什么""那是什么",渴望得到答案。

2.能清晰地表达,情感体验丰富

大班幼儿语言表达能力增强,会用形容词、连词等,对词义的理解加深,能连贯地讲故事。其语言的特点表现为:会像成人一样交谈,语言有逻辑性,会声情并茂地朗读和讲故事;开始用比较复杂的句子表达自己的想法。大班幼儿开始有意识地调节自己的心理活动,情绪情感的调节能力逐步增强。大班幼儿情绪体验日益丰富,表现为高级道德情感明显发展,情感体验与社会需要紧密联系,能有意识地控制自己的感情。

二、大班生活常规

大班幼儿已经经历了两年的幼儿园生活,对班级规范比较熟悉,一定要依据大班幼儿的生理、心理特点和常规教育的规律,从一日生活的各个环节来确定大班常规管理的内容,每个环节的目标要明确、具体。

(一)入离园环节

①入园时主动向周围的人问好,愉快地接受晨检,按号数插好自己的晨检牌;

②将自己的物品放在指定的地方,值日生主动帮助教师排好桌椅、摆放玩具、整理活动室等;③离园时,带好自己的物品,自觉整理好自己的仪表,不独自离园,不跟陌生人走,主动跟周围的人道别。

(二)户外活动

①整理好自己的服装参加活动;②精神饱满地做操,动作有力、合拍;③正确使用活动器材,不争抢,安全地玩,活动后将活动器材归类收放整齐;④主动擦汗,休息后自觉补充水分。

(三)进餐环节

①有秩序地盥洗,用正确的方法洗手、擦手,不玩水,洗好后关紧水龙头;②值日生协助教师分发餐具、点心,餐后主动擦桌子,整理桌面;③专心进餐,不挑食、偏食,尽量不掉饭粒,保持桌面干净,餐后正确使用毛巾擦嘴、擦脸,用凉开水漱口。

三、大班教育常规

(一)游戏活动

①选择自己喜欢的区域,与同伴商量后,自觉围靠在区域玩耍;②积极参与游戏,爱惜玩具、材料,遵守游戏规则,不发出噪声,不影响同伴;③与同伴友好合作,主动想办法克服游戏中的困难;④活动后将玩具、材料分类摆放整齐。

(二)教学活动

①活动中保持端正的坐姿,专心倾听别人讲话,不随便插话,积极思考并大胆表述自己的想法,回答时声音响亮;②正确操作学具、材料,爱惜物品,操作完后将其放回指定地方并摆放整齐;③写、画时姿势正确,握笔姿势正确;④值日生协助教师整理学具及材料。

四、大班常规教育

(一)搞好幼小衔接工作,做好家园共育

大班幼儿即将进入小学,教师要做好幼小衔接工作,这离不开家长的配合。可以

先通过调查了解家长对“幼小衔接”的理解，然后组织相关专题家长会、座谈会、专家讲座等，让家长对“幼小衔接”有正确的认识。教师要为家长提供促进科学衔接的行动建议。教育部发布的《教育部关于大力推进幼儿园与小学科学衔接的指导意见》指出，幼儿入学准备教育要以促进幼儿身心全面和谐发展为目标，注重身心准备、生活准备、社会准备和学习准备几方面的有机融合和渗透。因此教师可围绕这四点，提供可操作的方法与策略供家长参考。

（二）充分发挥幼儿的自主性，把握师幼互动尺度

大班幼儿具有很强的自主性，教师要创设有利于发挥幼儿自主性的环境，幼儿在这样的环境中能够主动学习。教师引导幼儿动手动脑，积极主动地参加活动；要了解幼儿，对幼儿因材施教，进行个别化指导；鼓励幼儿多思考，对于幼儿提出的问题要及时回应，并与幼儿共同讨论解决的办法，引导幼儿对新旧经验建立联系，拓展幼儿的学习面。

【拓展案例】

优秀大班常规案例：我的事情我做主

大班幼儿已经具备基本的生活自理能力，如厕能够自理，但是在如厕过程中还是可能会出现问题，例如：上完厕所将衣裤随意塞一塞就跑出了厕所，也不太注意卫生纸的放置和节约；有些幼儿如厕时争抢厕位，走上台阶还没站稳、蹲稳，就慌慌张张开始大小便；有的幼儿喜欢在厕所聊天、嬉笑，有时还会因为一些小事而争吵起来，你推我一把，我拉你一下，存在安全隐患。

大班幼儿喜欢做有挑战性、新奇的事情，对于提裤子、塞衣服等会做但又重复性强的事情，他们已经没有兴趣。并且幼儿整理仪表的意识还比较弱，还没有形成便后整理的良好习惯，同时受自我中心意识的影响，虽然开始萌发关注周围环境的意识，但节约等意识还欠缺。此外，随着幼儿的认知能力不断提高，越来越关注周围的事物，其如厕时注意力往往被周围其他事物所吸引，从而降低了专注度。

片断一：我是节约小班长

“老师老师，程程又把卫生纸弄在地上了！你快去看看！”这已经不是第一次有“目击者”请我到“案发现场”了。班里厕所的纸是整卷被放在厕所隔板上的小袋子里的，经常有孩子因为拿不住粗粗的纸卷而使整卷纸掉在地上拉出很长的一节，导致浪

费。看来有必要进行一次改革了。这天，我问："孩子们，咱们厕所的纸今天又掉在地上了，浪费了好大一节，真是可惜，你们家里会发生这样的事吗？"洋洋说："家里没有这样的事，因为家里装卫生纸的盒子，中间有根棍子，可以穿着卫生纸，根本不会掉在地上。"心心说："对！咱们要是在幼儿园也安一个和家里一样的盒子，就不会掉地上了。"赫赫说："不行不行，幼儿园没地方安那个盒子，也安不上！"听到这里，我说："是啊，不太好安，咱们的隔板上有袋子，卫生纸一大卷放进去确实不好拿，还总是掉，那咱们少放些卫生纸你们觉得如何？""嗯嗯，可以，少放点也行。"孩子们纷纷表示赞同。"那由谁来放呢？"我再次提出问题。轩轩抢着说："我放！""那要是你有事没来幼儿园咋办？"有孩子提出了新的问题。"对，不能让一个人来放，他要是忘了就没纸用啦！"一一说。圆圆说："值日生，让每天的值日生放就行了！让他来做节约小班长，行不行？"孩子们纷纷点头表示这个方法好，并且都想争做第一个"节约小班长"。

大班幼儿总能发现各种各样的问题，而且他们也具有一定的解决问题的能力。这个时候需要老师的支持和引导，让孩子们自己分析问题、解决问题，充分调动他们的主观能动性。这样不仅能够让他们积累生活经验，还能养成爱动脑筋的好习惯。把问题交给孩子，他们总能给我们惊喜。

接下来的一段时间我们将卫生间环境一同进行更新，让我们的卫生纸节约了不少，真正发挥了环境的隐性教育作用。"节约小班长"正式上线，在盥洗、如厕活动中承担起提示、帮助的作用，大班幼儿对能够服务他人感到自豪，非常愿意承担此项任务。每天离园环节，老师带领孩子们进行一天回顾时，会由孩子们自己来总结这一天"节约小班长"的履职情况，以便小班长越做越好。

（来源于北京市延庆区第七幼儿园）

项目评价

主题	内容	优秀	良好	一般	较差	很差
学习态度	能完成全部学习任务，完成工作表单	5	4	3	2	1
专业知识	了解各年龄班幼儿的身心特点，掌握各年龄班生活常规和教育常规的内容和要求	5	4	3	2	1
研讨精神	积极参与讨论，对其他人的发言能提出合理的见解	5	4	3	2	1
团队协作	能很好地融入课堂小组讨论，共同推进学习进程	5	4	3	2	1

续表

主题	内容	优秀	良好	一般	较差	很差
沟通交流	能够清晰准确地表达自己的观点，与他人交流时态度、语气恰当	5	4	3	2	1
人文素养	能够关注家园合作的知识，有意识地树立职业精神	5	4	3	2	1
信息素养	会检索常见的学前教育文献数据库，主动阅读学前教育专业文献	5	4	3	2	1
实践应用	能够管理好各年龄班幼儿，有序有效地开展常规教育	5	4	3	2	1
自我小结						

项目小结

幼儿园班级管理一般指针对3—6岁幼儿，按照年龄进行编班，教育工作者根据班级进行日常管理。小班幼儿指的是幼儿园中年龄较小的一组孩子，小班幼儿好奇心强、注意力短暂、情绪波动大，具有初步的社会交往行为。中班幼儿体能明显增强、动作发展迅速，身体机能明显发育、探索世界的范围变大；心理发展特点有思维方式转变，意志力逐渐增强。大班幼儿的身体发展特点：身体机能发育逐渐成熟，动作灵敏；心理发展特点：思维发展迅速，求知欲望强烈，能清晰地表达语言，情感体验丰富。理解不同年龄段幼儿的身心发展特点，掌握不同生活、教育环节中不同年龄班幼儿的指导要点，对于提供有效的教育和照顾至关重要。

直通赛证

一、选择题

1. 某幼儿园为实现管理工作的规范化，要求保育员采取措施后控制幼儿的便溺时间和次数。该幼儿园的做法（　　）。

A.正确,有利于培养幼儿良好的生活习惯

B.正确,体现了保育员管理幼儿生活的权利

C.错误,违反了《幼儿园工作规程》的规定

D.错误,违反了联合国《儿童权利公约》的规定

[答案]C。

2.制订一日活动计划主要是依据(　　)。

A.社会发展和幼儿身心发展的规律

B.当地文化特点和本班幼儿身心发展状况

C.本周计划和本班幼儿兴趣与需要

D.幼儿园和班级的学期计划

[答案]A。

二、论述题

试述幼儿园班级管理工作的主要内容。

[解析]幼儿园班级管理一般由生活管理、教育管理、其他管理等方面组成,其他管理包含家园交流管理、班级交流管理、幼儿社区活动管理等。其他管理工作服务于幼儿的生活管理和教育管理。

(1)生活管理。

幼儿园班级生活管理是为了保证幼儿身体正常发育,心理健康成长,保教人员围绕幼儿在园内的起居、饮食等生活方面的需要而进行的管理工作。例如一日生活环节中的午睡环节,教师就要管理好幼儿午睡环境,调整室内温度、湿度,保证午睡室内安静,让幼儿能养成良好的午睡习惯。

(2)教育管理。

班级保教人员对教育过程精心设计组织,对教育结果进行细致评估,在班主任教师带领下对班级幼儿进行调查研究,这一系列的工作称为幼儿班级教育管理。例如教师作为教育管理者要先了解幼儿情况,制订正确的教育计划,提供教具、玩具,引导幼儿在接受教育的过程中身心健康发展。

(3)其他管理。

幼儿园班级管理除了着重进行生活和教育管理外,还有许多与之相关的其他管理,它们也是班级常规管理的重要组成部分。

①班级交流。

班级交流活动是幼儿园内班级之间进行的各种活动。如园内运动会、班级联谊会、园庆活动等。两个或更多班级的幼儿一起生活、游戏,必然会产生更多的班级管理问题。做好班级间交流的管理工作,可以更好地引导幼儿学习如何进入社会角色,如何处理简单的社会问题,以及如何进行复杂的人际交流。对班级间交流活动的管理,可促使幼儿进入小社会,懂得与他人分享、合作与竞争的技巧,懂得情感交流的重要性。

②家园交流。

家庭是幼儿的第一所学校,家庭教养与园内教养协调起来,明确共同的目标,统一教养方法,从而优化幼儿园的保教环境。家园交流管理的内容有:主动及时地与家长联系。帮助家长创设家庭教育环境与生活环境,营造幼儿良好的家庭氛围。向家长提供幼儿生活、教育常识等方面的指导。宣传正确的保教思想,争取家长对园内班级管理工作的理解。建立家园联系机制,保证联系渠道通畅,共同处理好幼儿在园内的突发事件。

③社会活动。

幼儿园有时要组织幼儿参加社会活动。社会活动管理,可以加强幼儿对共同居住区域的环境、社区结构及其简单职能的了解。大多数幼儿是就近入园,他们必然受到所在区域的政治、经济、文化的影响。通过管理,幼儿对居住地区的地理位置、气候、社会习俗等产生一定的认知,这样有助于培养他们热爱家乡、保护环境、遵守公德的品质。

[答案]C。

实践实训

模拟大、中、小班班级现场,分三组进行班级常见问题分析并给出解决方案。

拓展阅读

[1]斯蒂芬·赛菲尔.幼儿园班级管理问题预防与应对:25周年版[M].曹宇,译.北京:中国轻工业出版社,2018.

[2]左志宏.幼儿园班级管理[M].2版.上海:华东师范大学出版社,2023.

项目九

乡村幼儿园

项目目标

知识目标

1. 了解乡村幼儿的特点。

2. 了解乡村振兴背景下乡村幼儿园的现状及未来发展。

3. 掌握乡村幼儿教育和乡村幼儿教师的专业发展相关理论。

技能目标

能根据相关理论评析乡村幼儿园现状。

素质目标

励志积极投身乡村幼儿教育,增强服务乡村幼儿教育的信心。

学习重难点

学习重点

了解乡村振兴背景下乡村幼儿园的现状及未来发展。

学习难点

掌握乡村幼儿教育和乡村幼儿教师的专业发展相关理论。

思维导图

- 乡村幼儿园
  - 乡村幼儿特点
    - 乡村幼儿教育概述
    - 生活环境特点
    - 学习习惯与方法
    - 家庭教育背景
    - 社会交往
    - 情感与心理特点
  - 乡村幼儿园
    - 乡村幼儿园概述
    - 乡村幼儿园的特色与优势
    - 乡村幼儿园面临的挑战与问题
    - 乡村幼儿园的教育模式与方法
    - 与乡村社区合作
  - 乡村幼儿教师
    - 乡村幼儿教师概述
    - 乡村幼儿教师的特点与优势
    - 乡村幼儿教师面临的挑战
    - 发展机会与资源

任务一

乡村幼儿特点

任务目标

1. 了解乡村幼儿教育的现状。

2. 了解乡村幼儿的特点等。

任务准备

1. 物质准备:纸、笔。

2. 经验准备:对乡村幼儿教育有一定的了解。

工作表单

工作表单

思考总结

想一想:乡村幼儿有哪些特点?

学习支持

一、乡村幼儿教育概述

(一)乡村幼儿

乡村幼儿指的是那些生活在乡村地区的3—6岁的儿童。他们在相对封闭、与自然环境紧密相连的环境中成长,这为他们提供了独特的学习和发展机会。与城市幼儿相比,乡村幼儿在成长过程中可能会遇到不同的机遇和挑战。他们的日常生活、文化背景、学习经验以及与家庭和社区的互动,往往与所在地的乡村文化和生活方式密切相关。

(二)乡村幼儿教育现状

1.资源不足

硬件设施:许多乡村幼儿园仍缺乏基本的硬件设施。

软件资源:乡村幼儿园的软件资源也相对匮乏,如缺乏电子图书、在线教学平台、教学程序等。

2.师资短缺

缺乏专业教师:由于经济和其他原因,乡村幼儿园可能难以吸引并留住高质量的专业教师。

教师流动性大:许多乡村幼儿教师可能因为更好的职业机会选择到城市发展,导致乡村幼儿园面临频繁的教师更迭。

3.外部支持有限

尽管有许多政策支持发展乡村幼儿教育,但实际上,外部资源如资金和物资的投入仍然有限。

4.互联网教育机会

随着互联网的普及,乡村地区有更多机会接触到高质量的在线教育资源。但由于硬件设施不完善,这些资源的实际使用率仍然较低。

二、生活环境特点

(一)接触自然的机会多

1.丰富的自然资源

乡村幼儿园通常被大片的农田、草地、山丘、溪流、果园和森林所包围,这为乡村幼儿提供了充满生机的自然课堂。

2.体验季节变化

乡村幼儿可以直观地体验到四季的变化,从春天的花开,夏天的炎热,秋天的丰收到冬天的雪景,每个季节都有其独特的景色和活动。

3.经常接触动植物

与城市幼儿不同,乡村幼儿可以经常接触各种动植物,可能是自家养的家禽家畜,如小鸡、小鸭、小羊等,并在日常生活中观察和照料它们。

4.广阔的户外活动空间

由于乡村空地较多,幼儿有更多的空间进行户外活动。他们可以在田野里奔跑、在溪流中嬉戏,享受无拘无束的童年。

(二)丰富多彩的传统文化

1.丰富的传统节日活动

乡村地区通常更加重视传统节日,如春节、中秋节、清明节等。乡村幼儿有更多机会参与如制作汤圆、包饺子、挂灯笼、放烟花等传统节日活动,不仅让他们感受到节日的热闹氛围,还有助于他们了解传统节日活动中蕴含的传统文化。

2.多样的传统手工技艺

许多乡村家庭仍保持着传统的手工技艺,如织布、编篮、制陶等。幼儿可以在家中观察、学习并参与这些手工活动,从而对传统手工技艺有更深入的了解。

3.民俗歌舞和戏剧

乡村地区往往留存着具有特色的地方艺术,如山歌、舞龙舞狮、地方戏剧等。幼儿在观看或参与这些活动的过程中,可以直观地感受当地的民俗文化。

4.民间故事与传说

乡村的老人常会讲一些古老的民间故事或传说，这些故事或传说往往富有教育意义，同时还有助于幼儿了解乡村的历史和文化。

（三）参与劳作的机会

1.体验农耕活动

乡村的幼儿往往有更多的机会参与田间劳作，如插秧、收割、挖土豆等。这不仅锻炼了他们的体能，还帮助他们了解食物的来源以及粮食的来之不易，培养他们热爱劳动、珍惜粮食的美好品质。

2.照料家禽家畜

许多乡村家庭都会养一些家禽家畜，如鸡、鸭、羊、猪等。幼儿可以参与喂食、清理圈舍等工作，这有助于培养他们的责任心和对动物的关爱之情。

3.参与家务劳动

在乡村家庭中，幼儿通常更早地参与家务劳动，如打扫、洗衣、准备食材等。这种经验能够培养他们的生活技能和独立能力。

4.制作食物与工艺品

乡村幼儿有机会学习制作传统食物，如制作馒头、米酒、腊肉等，或是学习手工技艺如竹编、制陶等。这种经验不仅丰富了他们的生活，而且有助于他们了解并传承传统文化。

5.与大自然互动

乡村幼儿有更多的机会与大自然直接互动，如捉蝉、摘果子、钓鱼等。这些活动不仅锻炼了他们的观察能力和动手能力，还培养了他们的探索精神和对大自然的敬畏之情。

三、学习习惯与方法

(一)自主探索的学习倾向

1.在自然环境中学习

乡村幼儿在大自然中成长,他们习惯于观察周围的事物并提出问题。例如,他们会观察植物如何生长,动物如何繁衍,然后基于这些观察提出问题和探索答案。

2.在实践中学习

很多乡村幼儿的学习是基于实际操作,如田间劳作、照料家畜或制作传统手工艺品。通过实际操作,他们能更加深入地理解知识,并培养动手能力和解决问题的能力。

3.向成人学习

在乡村,幼儿经常与长辈互动,从他们那里学习生活技能、生产技能或者手工技艺。这使得他们的学习更具情境感,也培养了他们热爱劳动、珍惜劳动成果的良好品质。

4.社区共同学习

乡村社区往往团结紧密,幼儿常与邻居、亲戚的孩子一同玩耍、学习。这种共同学习的方式能够培养他们的团队合作精神和社交能力。

5.利用周边资源学习

乡村幼儿往往能够灵活地利用身边的资源进行学习,如将树枝当作笔或用泥巴进行创意建构。这种创造性的学习方式培养了他们对周围环境的敏感性和创意思维。

(二)对于实用技能的重视

1.生活技能的培养

乡村幼儿在日常生活中有更多机会接触和参与各种家务劳动,如喂鸡、种植蔬菜、挤牛奶等。这些实际操作让他们掌握了许多实用的生活技能,也培养了他们独立生活的能力。

2.与大自然互动中学习

在乡村,幼儿经常与动植物亲密接触。他们认识各种植物和动物,了解它们的生活习性,这不仅是积累了生物知识,也学习了生存技能。

3.学习传统手工技艺

许多乡村地区都保留有传统的手工技艺,如织布、制陶或竹编等。乡村幼儿在家长或长辈的指导下,学习并掌握这些技能,这不仅使他们了解当地的传统文化,还能培养其动手能力和审美能力。

(三)通过口口相传的形式

1.长辈们的智慧

长辈们常常具有丰富的人生智慧。他们的生活经验、家族传统和技艺技能往往通过口口相传的形式传递给下一代。乡村幼儿在聆听这些故事、经历时,不仅学到了知识、技能,了解了当地传统文化,还对家族和社区有了归属感。

2.加强记忆与认知能力

口口相传的讲述方式要求听众有很好的记忆力。乡村幼儿在反复听同一个故事时,会逐渐加深对故事的记忆和理解,由此培养了其记忆能力和认知能力。

3.培养想象力与创造力

口头讲述的故事往往不像图书故事那样有插图来展现。乡村幼儿需要依靠自己的想象来构建故事场景和人物形象,这大大促进了他们的想象力和创造力的发展。

4.优秀传统价值观与道德观的传递

许多故事中都蕴含着教育意义,如故事中的主人公具有勤劳、诚实、勇敢的优秀品质等。通过故事讲述,寓教于乐,乡村幼儿能够学习与传承优秀的传统价值观与道德观。

四、家庭教育背景

(一)家长受教育程度与参与度

1.家长受教育程度

受教育程度低:在许多乡村地区,由于各种原因,如经济条件、历史背景或传统习俗，部分家长可能没有接受过正规的或高层次的教育。这可能影响他们对教育的看法，同时也使得其不具备实施家庭教育的能力。

生活经验丰富：尽管学历可能不高，但许多乡村幼儿家长具有丰富的生活经验，他们在农耕、手工艺或传统文化等领域积累了许多实用的知识。

2.家庭教育方法

实践为主：家长往往强调通过实践来学习，如鼓励幼儿参与家务、农活等，从而使幼儿获得实际技能和生活经验，也加强了家庭成员之间的联系。

重视传统价值观：家长可能会教导幼儿学习一些传统价值观、习俗，这也是乡村文化的深厚根基。

3.家长的参与度

家长自身的受教育程度可能不高，他们在幼儿教育中的参与度可能会受到影响。他们可能更依赖于幼儿园和教师来教育幼儿，而不是自己亲自参与。

4.家长的期望与愿景

许多乡村幼儿家长都希望他们的孩子能够获得更好的教育机会。因此，他们可能会对幼儿的学业有很高的期望，并在可能的情况下提供支持。

（二）家庭教育资源的有限性

1.物质资源的限制

教育工具：乡村家庭可能没有足够的书籍、文具或学习设备，如计算机、平板电脑等，这在当前数字化学习趋势下是很需要的。

学习空间：由于家庭规模和居住条件，乡村幼儿可能没有专门的安静的学习空间，如独立的书房。

2.信息获取渠道有限

乡村地区可能没有图书馆、文化中心等供家长和幼儿学习和参观。由于硬件设施限制，乡村家庭可能不能有效利用在线教育资源。

3.园外辅导资源缺乏

在乡村地区，寻找专业的家教或课外辅导机构可能比城市更困难。幼儿园和教师可能是唯一的教育资源提供者，家长可能没有其他途径来支持幼儿的学习。

4.家庭经济压力与教育投资

由于经济条件的限制，乡村家庭可能在幼儿教育上的投资有限。面对家庭经济压力，家长可能更注重短期的经济回报，如让幼儿参与家务和农活，而非长期的教育投资。

5.与现代教育理念、方法存在差距

虽然许多乡村幼儿的家长都认识到教育的重要性，但由于条件限制，他们可能在实际行动中面临困难。传统的观念也可能影响乡村幼儿家长的教育理念和教育方式，导致其教育理念、方法与现代教育理念、方法之间存在一定的差距。

(三)劳动实践教育

1.传统农耕文化的影响

乡村家庭往往有着深厚的农耕文化背景。农忙时节，全家老小都可能参与田间劳作，如种植、收割等。乡村幼儿从小在这样的环境中长大，很自然地就会参与各种农活，树立劳动最光荣的意识。

2.生活自给自足的习惯

在乡村地区，家庭往往更注重生活的自给自足。乡村幼儿可能参与养殖家禽家畜、种植蔬菜、摘果子等日常生活中的劳作。通过这些活动，幼儿不仅学到了实用的生活技能，培养了责任感，还理解了劳动的价值和食物的来之不易。

3.劳动与节日的结合

很多传统节日都与劳动有关。如农历新年前的大扫除、中秋制作月饼、端午节包粽子等。幼儿在参与这些活动时，不仅学会了生活技能，还深入地了解和体验了传统文化。

4.劳动教育的意义

在乡村家庭中，幼儿参与劳动不仅仅是为了帮忙，更是一种教育方式。家长通过劳动教给幼儿责任、合作、尊重和感恩等价值观。同时，劳动也被视为锻炼幼儿身体、增强体魄的一种有效方式。

5.劳动与学业的平衡

虽然劳动对幼儿有很多益处,但过度的劳动可能影响幼儿的学业。因此,家长也需要找到劳动与学习之间的平衡点,确保幼儿有足够的时间和精力投入学习。

五、社会交往

(一)乡村社区紧密的社交网络

1.深厚的邻里关系

乡村社区往往规模较小,家庭之间的交往更为频繁。乡村幼儿从小就学会与邻居相处,他们与邻居家的孩子一同玩耍,建立起深厚的友情。

2.相互扶持的精神

在乡村社区中,当家庭遭遇困难时,邻居们通常会伸出援手。这种相互扶持的精神让幼儿学会珍惜与他人的关系,理解集体的力量。

3.日常的社交互动

乡村幼儿的日常生活中,与成人的交往也较为频繁。他们会听长辈们讲述过去的事情,从中了解乡村和家族的历史和传统。

4.自然形成团队意识

乡村幼儿的玩伴通常是固定的,他们很自然地形成一个小团队。在这个团队中,他们经历过争吵、打架,但也学会了合作、分享,这对于他们社交能力和情感的发展都非常有益。

5.对社区规范的认同与遵守

在乡村社区中,每个家庭都自觉维护社区的和谐。幼儿也学会了要尊重他人,遵守社区的规范和习俗。

(二)参与传统节日活动

在乡村社区中,传统节日不仅仅是庆祝的时刻,它也是一种重要的社交活动,连接了不同家庭和个体。对于幼儿来说,这些传统节日活动是他们与乡村社区成员互动、学习传统文化的重要机会。

乡村的节日庆祝活动往往更具参与性。幼儿会被邀请参与各种活动，如制作特色食物、布置场地、参与歌舞表演等，能够培养他们的责任感和团队合作精神。

在节日庆祝活动中，幼儿还有机会体验和学习各种传统手工技艺，如剪纸、编织、糕点制作等。这不仅锻炼了他们的动手能力，还促进了当地传统文化的传承。

通过共同参与节日庆祝活动，乡村社区的凝聚力得到了加强。幼儿在这样的氛围中，更容易形成对家乡的归属感和对社区的认同。

六、情感与心理特点

（一）对外界变化的敏感度

1.对自然变化敏感

乡村幼儿经常在大自然中活动，与外部环境有着直接的互动。这使得他们对气候变化、季节更迭、动植物生长等自然变化非常敏感。

2.适应力较强

乡村资源有限，幼儿经常需要面对各种变化，如天气变化、家庭经济不稳定等。这种环境培养了他们的适应能力，使他们对于突发情况能迅速做出反应。

3.对人际变化敏感

在紧密的社交网络中，乡村幼儿对于家庭和邻里之间的关系变化特别敏感。例如，当有邻居争执或家庭成员有情感变动时，他们能够迅速感知并产生相应的情感反应。

4.对家庭和社区的归属感

在乡村环境中，幼儿的成长和学习往往与家庭和社区紧密相连。他们对家庭和社区有强烈的归属感，把家庭和社区看作他们安全、快乐成长的港湾。

5.情感的稳定性与持久性

乡村幼儿的社交圈相对较小，因此其与家庭和社区的联系特别紧密，他们之间的情感关系通常较为稳定和持久。

（二）面对困难的抗压与应对能力

1.对大自然的适应性

乡村幼儿在日常生活中经常与大自然打交道，若遭遇自然灾害或变化时，他们通常能够较快地适应和采取必要的应对措施。

2.具有生活实践经验

乡村幼儿经常参与各种家务和农事劳动，这使他们积累了丰富的实践经验，当面临困难时能够运用这些经验进行解决。

3.家庭与邻里的支持

在乡村社区中，个体与团体间的联系紧密。当幼儿遇到问题时，他们能够获得来自家庭和邻里的支持和帮助，这种支持在很大程度上提高了他们的抗压和应对能力。

4.乐观的生活态度

乡村的生活方式往往使幼儿拥有乐观和积极的生活态度。即使面对困境，他们往往能够看到事情的积极面，并努力克服。

5.长辈的智慧引导

长辈经常与乡村幼儿分享过去的经历和故事，幼儿也能从这些经历和故事中汲取有益的力量，帮助他们更好地面对成长中遇到的困难。

6.独立思考与解决问题的能力

乡村资源有限，乡村幼儿通常比较早开始自主思考和解决问题。这种独立性使他们在面对困难时，不轻易依赖他人，更倾向于自己寻找解决的办法。

7.心理往往较成熟

乡村生活中的实践经历，如劳作、家庭聚会、社区活动等，使幼儿对生活有深入的体验和感悟，当面对困难时，他们通常会比同龄的城市幼儿心理更成熟。

任务二

乡村幼儿园

任务目标

1.了解乡村幼儿园的发展、特色和优势。

2.理解乡村幼儿园面临的挑战、教育模式与方法等。

任务准备

1.物质准备:纸、笔。

2.经验准备:对乡村幼儿园有一定的了解。

工作表单

工作表单

思考总结

谈一谈你对乡村幼儿园的了解。

学习支持

一、乡村幼儿园概述

(一)乡村幼儿园的起源和发展

乡村幼儿园根植于乡村地区,满足乡村地区儿童的学前教育需求。它与城市幼儿园在许多方面都存在显著的差异,从起源、发展到功能与角色,都与其特定的社会、文化和经济背景紧密相连。

1.起源

在早期,乡村地区由于家庭劳动力的需求和对儿童学前教育的认知不足,幼儿教育不被普遍重视。但随着社会、经济的发展,乡村家庭对幼儿教育开始逐渐重视,乡村幼儿园应运而生。起初,乡村幼儿园很大程度上反映了当地的文化、习惯和传统,其课程、活动和教学方法都与乡村生活和农业生产紧密结合。

2.发展阶段

乡村幼儿园刚刚兴起时,它主要是满足乡村家庭看护幼儿的需求,为农忙家庭提供一个安全的场所让幼儿玩耍和学习。

随着国家和社会对乡村学前教育的关注和重视,乡村学前教育逐渐得到政策支持,乡村幼儿园开始得到资金和技术等的投入,教学质量和教育环境都有了显著的改善。

近年来,乡村幼儿园开始引入现代化的教育理念和教育技术,不再局限于传统的乡村学前教育模式,更加强调幼儿的全面发展。

3.当前状况

尽管乡村幼儿园在硬件、师资、技术等方面有了进步和发展,但与城市幼儿园相比,其仍然面临资源有限、教师培训不足等问题。

总体来看,乡村幼儿园不仅为乡村众多家庭提供了基础的教育服务,更成为乡村文化、传统和价值观的传承者。在当今社会,乡村幼儿园在保护乡村文化和促进乡村发展中的作用日益显著。

（二）乡村幼儿园的定义

乡村幼儿园是为乡村地区的幼儿提供学前教育和照顾服务的机构。它不仅仅是一个学前教育的场所，而是乡村社区的一个重要组成部分，强调与乡村的文化、习俗和生活相结合的教育方法。在乡村幼儿园中，幼儿不仅通过五大领域教育活动获得多方面发展，还在与大自然和社区互动中获得宝贵的生活经验。

乡村幼儿园不仅是为乡村幼儿提供学前教育服务的地方，更是一个反映乡村文化、价值观和生活方式的重要场所。

二、乡村幼儿园的特色与优势

（一）教育与自然相结合

乡村幼儿园拥有一个独特的优势，那就是它与自然的紧密联系。

1.自然探索活动

乡村幼儿园通常拥有广阔的户外空间，为幼儿提供了探索自然的机会。幼儿可以观察动物的生活习性、植物的生长规律，以及自然界中的其他各种现象，如四季变化、雨后彩虹等。

2.生态环境教育

乡村幼儿园可以充分利用周围的自然环境，对幼儿进行生态环境教育，让他们了解自然生态、植被种类，以及保护生态环境的重要性。

3.通过实践学习

在乡村幼儿园，幼儿有机会参与与自然相关的生产、生活活动，如种植蔬菜、水果，喂养农场动物等，从而培养他们的观察能力、实践能力、责任心和爱心。

4.利用自然材料创作

乡村幼儿园常常鼓励幼儿使用自然材料进行创作，如用树叶、石头、树枝等进行画画、手工制作等，引导幼儿发现自然之美，培养他们的审美能力。

5.在自然环境中运动

自然环境为乡村幼儿提供了大量的户外活动空间，有助于幼儿进行身体锻炼，提高其运动能力。经常在自然中运动也有利于幼儿的心理健康，缓解其焦虑和压力。

(二)乡村文化的融入

在乡村幼儿园中，幼儿不只是学习书本上的知识，还可以深入了解和体验乡村的传统和文化。

1.民间故事与传说

乡村幼儿园中的故事时间，教师可能会讲述一些当地的民间故事、传说或历史事件，使幼儿对自己所在地区的历史、文化有更深入的了解。

2.传统手工技艺

乡村幼儿在幼儿园中可能会学习到一些传统的手工技艺，如编织、陶艺或木工，不仅能培养他们的动手能力，还能使其珍视并传承乡村传统文化。

3.节日和民俗活动

乡村有其独特的节日庆祝方式和民俗活动，乡村幼儿在幼儿园中会参与这些节日庆祝活动和民俗活动，如端午节的龙舟赛、中秋节的月饼制作等。

4.乡土歌曲与舞蹈

乡村幼儿园会教授幼儿一些乡土歌曲和舞蹈，使他们在欢乐的氛围中，更加了解和喜爱乡村文化。

5.长辈分享经验与故事

乡村幼儿园常常会邀请一些长辈到幼儿园分享他们的经验和故事，幼儿可以从他们身上学到宝贵的人生经验和智慧。

6.生产、生活实践体验

乡村幼儿有机会参与乡村生产、生活实践，如参与田间劳作、体验传统烹饪方式等，从而更加珍惜劳动成果。

(三)家长、社区深度参与教育

1.家长作为教学助力

家长经常被邀请到幼儿园，分享自己的专业技能或生活经验，为幼儿带来丰富的学习体验。例如，农忙时家长可能会带领幼儿了解农作物的种植与收获，而掌握手工技艺的家长则可能教幼儿制作传统手工艺品。

2.家长、教师、社区三方合作

乡村幼儿园经常组织家长会议、乡村社区讨论小组,鼓励所有相关者参与教育过程,共同制订教育目标和策略。

3.乡村社区资源的充分利用

乡村幼儿园会利用乡村社区的各种资源进行教育活动,如邀请当地的民间艺术家进行艺术展示,或利用乡村社区的自然资源进行户外教学。

三、乡村幼儿园面临的挑战与问题

(一)基础设施问题

乡村幼儿园在基础设施方面常常面临困境。

1.建筑与设施老旧

很多乡村幼儿园所使用的校舍可能是多年前建造的,经过多年的使用,可能出现破损、渗水等问题。而维修或重建的资金往往难以筹集,导致乡村幼儿在存在安全隐患的环境中学习。

2.地理位置偏、交通不便

乡村幼儿园地理位置常相对偏远,道路建设和公共交通设施不完善,幼儿每天上下学存在出行困难,同时也影响了教师和其他资源的到达。

3.互联网覆盖不足

互联网已成为现代教育的重要组成部分。但在一些偏远的乡村地区,互联网覆盖仍然不足,导致乡村幼儿园无法充分利用在线资源进行教学。

4.教学设备落后

由于经济条件限制,乡村幼儿园可能缺乏现代化的教学设备,如电子白板、计算机、各类教具等,这在一定程度上限制了教育质量的提高。

(二)教育人才短缺

乡村幼儿园在招聘和留住教育人员方面存在以下困难:

1.招聘困难

乡村地区相对偏远和条件艰苦,如何吸引年轻和有经验的教育人员加入乡村幼儿园是一个很大的难题。很多学前教育专业的毕业生更倾向于留在城市工作,以寻求更好的职业前景和生活条件。

2.培训资源匮乏

乡村幼儿教师往往缺乏持续的培训和专业发展的机会。乡村幼儿园可能很少组织培训活动,且培训内容可能与当前教育需求和趋势不完全匹配,导致乡村幼儿教师难以与时俱进,无法在第一时间掌握最新的教育技术和方法。

3.人才流失

即使乡村幼儿园招聘到一批幼儿教师,也可能面临他们在短时间内离职的问题。低薪、缺乏职业发展机会、距离家庭较远和生活条件艰苦都可能导致幼儿教师人才流失。

4.社区和家长的期望

乡村幼儿家长可能对教育有着传统的看法,这可能给乡村幼儿教师带来额外的压力,既要满足家长的期望,同时又要实施现代教育。

5.心理和情感支持不足

乡村幼儿教师常常远离家乡工作,可能面临孤独和压力,如果缺乏足够的心理和情感支持,可能导致其工作热情和效率下降。

四、乡村幼儿园的教育模式与方法

(一)结合乡村实际设计课程

乡村幼儿园的课程设计需要结合当地的实际情况和文化特色,为幼儿提供与他们日常生活紧密相连的学习体验。以下是关于乡村幼儿园课程设计的一些建议。

1.利用自然资源

利用乡村丰富的自然资源,开展观察植物、动物和天气等活动。例如,组织乡村幼儿参观田野、观察昆虫,或者体验季节变化等。

2. 乡土文化教育

将乡村的传统习俗、节日活动和手工技艺融入课程中，如教乡村幼儿制作传统食物，引导其了解当地的传统节日活动、学习乡村音乐和舞蹈等。

3. 结合日常劳作

鼓励乡村幼儿参与日常劳作，如种植、收割、喂养家畜等，让他们体验劳动过程和理解劳动的价值。

（二）教育方法

1. 户外学习

自然观察：利用乡村丰富的自然资源，组织乡村幼儿对植物、动物、土壤和水源等进行观察，培养他们的观察力和对自然的热爱之情。

户外探险：组织郊游、徒步、露营等活动，让乡村幼儿在实践中学习生存技能，如如何辨别方向等。

2. 实践教育

日常劳动：让乡村幼儿参与日常的劳动活动，如种植、收割、喂养家畜等，从而体验劳动的乐趣和价值。

手工技艺：鼓励乡村幼儿学习传统手工技艺，如编织、制陶、泥塑等，既可以培养他们的动手能力和创造力，也能让他们了解本地的传统文化。

3. 家长、社区参与

与家长合作：乡村幼儿园与家长密切合作，定期组织家长会、家访和亲子活动等，共同参与幼儿的教育过程。

与社区资源结合：利用乡村社区的资源，如邀请当地的匠人、农民或老人进入幼儿园，分享他们的知识和经验，或组织幼儿园与社区合作项目。

参与社区服务：鼓励乡村幼儿参与社区服务活动，如打扫村落、帮助老人、组织公益活动等，培养他们的社会责任感和团队精神。

（三）评价与反馈

乡村幼儿园对幼儿学习进度和成果的评价往往更加注重过程和个体的全面发展。以下是乡村幼儿园常用的评价与反馈方法。

1.观察记录

乡村幼儿教师通过日常观察，记录幼儿在各种活动中的表现，如他们在户外探险中的合作情况、在实践活动中的参与程度等。有条件的乡村幼儿园，可以利用照相、录像设备，捕捉幼儿的学习时刻，为家长提供直观的反馈。

2.学习档案

乡村幼儿园应该为每个幼儿建立一个学习档案，收集他们的作品等。定期与幼儿和家长共同回顾，让幼儿评价自己的进步和成果。

3.家长会

定期举行家长会，与家长分享幼儿的学习进度和成果，听取家长的反馈和建议。在会议中，教师可以提供具体的实例和观察记录，让家长了解幼儿在园的真实情况。

4.同伴评价

通过小组活动，鼓励幼儿相互评价和反馈，培养他们的团队合作精神和沟通能力。例如，引导幼儿可以在小组讨论中分享自己的观点，听取他人的意见，然后给予反馈。

5.自我评价

让幼儿定期回顾自己的学习过程，评价自己的表现和进步。通过绘画、故事、表演等形式，让幼儿表达感受和体会。

五、与乡村社区合作

(一)参与当地文化活动

与当地的文化中心、民间艺术团体合作，组织乡村幼儿参与传统节日庆典、舞蹈、唱歌和其他传统表演中。邀请当地的民间艺术家和手工艺人进入幼儿园，为幼儿展示和教授一些基本的艺术技巧和手工技艺，如编织、绘画、泥塑等。利用乡村的历史资源和传统文化资源，组织幼儿参观历史遗址，让他们了解当地的历史，珍惜当地的传统文化。

(二)体验手工艺活动

与当地的手工艺人合作,让乡村幼儿亲手制作一些简单的手工艺品,如泥塑、编织、绣花等。鼓励幼儿将自己制作的手工艺品向其他同伴和家长展示,培养他们的自信和创造力。

(三)体验乡村农务

组织乡村幼儿参观农田,了解农业的基本知识,如耕作、播种、收获等。在幼儿园的院子或空地上开辟一小块菜园,让幼儿亲手种植、照料和收获,培养他们的观察力和耐心。通过农务体验,较了解食物的来源,培养他们的环保意识和对大自然的敬畏之情。

(四)老年人的参与

乡村社区中的老年人是乡村文化和历史的活化石。他们可以分享过去的生活经历、节日庆祝方式、传统歌谣等。他们的故事可以帮助乡村幼儿深入地了解乡村文化,培养幼儿对自己身份的认同感和对传统文化的尊重。

(五)参与乡村社区活动

组织乡村幼儿园的孩子们参与乡村社区的各种活动,如传统节日庆典、集市等。通过参与这些活动,乡村幼儿不仅可以学到很多知识,还可以锻炼自己的社交能力。

任务三

乡村幼儿教师

微视频：
《乡村幼儿教师发展》

任务目标

1. 了解乡村幼儿教师的特点和优势以及面临的挑战。
2. 理解乡村幼儿教师发展的策略，增强服务乡村幼儿教育的自信心。

任务准备

1. 物质准备：纸、笔。
2. 经验准备：对乡村幼儿教师有一定的了解。

任务准备

工作表单

思考总结

谈一谈你对乡村幼儿教师的了解。

学习支持

一、乡村幼儿教师概述

(一)乡村幼儿教师的现状与重要性

乡村幼儿教师在乡村教育中扮演着重要的角色。

1.乡村幼儿教师的现状

资源限制:与城市幼儿园相比,乡村幼儿园的教育资源往往有限,如教学设备缺乏、教材更新不及时、无法提供持续的培训机会等。

多重职责:乡村幼儿教师往往需要同时处理教学、管理、与家长和社区的沟通等多种工作。

社会理解:尽管乡村幼儿教师付出的努力与城市幼儿教师相当甚至更多,但很多时候,他们没有得到家长、社会足够的理解和支持。

发展机会:在专业发展和晋升方面,乡村幼儿教师可能面临更多的困难。

2.乡村幼儿教师的重要性

文化传承者:乡村幼儿教师是本土文化和传统的传承者。

家庭与学校的桥梁:乡村幼儿教师往往与家长建立起紧密关系,共同参与幼儿的成长过程。

乡村社区的核心:乡村幼儿园往往成为乡村社区活动的中心,乡村幼儿教师在其中发挥着核心的作用。

教育公平守护者:乡村幼儿教师努力确保每一个幼儿都获得高质量的教育,以缩小城乡之间的教育差距。

(二)乡村幼儿教师的定义

乡村幼儿教师是在乡村地区工作的教育工作者,负责为处于学前阶段的儿童提供教育和照顾。他们不仅扮演传统的教师角色,也是当地文化、生活方式和乡村价值观的传承者,确保教育内容与乡村环境相匹配,满足乡村幼儿的独特需求。

乡村幼儿教师不仅是乡村幼儿的知识启蒙者,还是传统文化的传承者,与乡村社区紧密合作,致力为乡村幼儿提供高质量的学前教育。

二、乡村幼儿教师的特点与优势

(一)与乡村文化紧密联系

1.对乡村文化的认知

乡村幼儿教师往往出生并成长在同一乡村或相似的文化背景中,使得他们对乡村的文化、传统和生活方式很了解,能够将幼儿教育内容与乡村幼儿的日常生活活动和环境结合起来。

2.教育与文化的结合

乡村幼儿教师能够巧妙地将乡村文化和传统等融入教育课程中,使得学习变得更加有趣和贴近生活。例如,乡村幼儿教师可以运用当地的民间故事来组织语言活动,或者组织幼儿参与当地节日传统庆祝活动等。

3.传统文化的传承

乡村幼儿教师不仅仅是知识的传播者,他们还是当地文化和传统的传承者。乡村幼儿教师通过多种途径和方式培养幼儿对本土文化的热爱之情,促进乡村优秀传统文化的传承与发展。

4.利用文化资源

乡村幼儿教师善于利用乡村中的文化资源进行教育,例如,组织幼儿进行田间实地考察、让幼儿尝试参与农耕活动,或者邀请乡里的手艺人来园进行文化、技艺的展示和教授。

(二)多重角色

在乡村幼儿园,幼儿教师往往需要扮演多种角色,这使他们有更多的机会积累实践经验,而且看待幼儿教育的视角也更全面。

1.心理支持

乡村幼儿教师不仅仅是教授课程的人,他们也是乡村幼儿在生活中非常重要的心理依赖。面对幼儿的情感问题或心理困惑,乡村幼儿教师为幼儿提供必要的支持和引导,帮助他们调节心理,促进幼儿情绪情感的发展。

2. 与乡村社区互动

乡村幼儿教师也是幼儿园与家庭、乡村社区之间沟通的重要桥梁。他们努力协调家长、乡村社区成员和其他教育工作者，共同为幼儿提供一个有益的学习生活环境。

3. 资源整合能力

乡村幼儿教师常常需要在有限的资源条件下进行教学，这使得他们变得越来越善于寻找和整合各种教育资源，无论是来自乡村社区的支持、家长的协助，还是利用自然环境资源作为教学材料。

4. 灵活应变与创新

多重角色要求乡村幼儿教师具备较强的应变能力。他们在教学中经常需要进行即兴创新，满足不同幼儿的学习需求和兴趣。

三、乡村幼儿教师面临的挑战

（一）专业培训与发展机会的缺乏

乡村幼儿教师尽管拥有独特的优势，也对本土文化有深入的了解，但由于各种因素限制，他们在专业发展方面面临着很大的挑战。

1. 资源的匮乏

与城市相比，乡村地区往往缺乏专业的教育培训资源，如培训中心、专业图书馆等。

2. 地理与交通限制

对于许多乡村幼儿教师而言，参加城市或远程的培训课程需要花费大量的时间和金钱，这成为他们进一步学习的重要障碍。

3. 更新教育观念的困难

许多乡村幼儿园地理位置偏远，乡村幼儿教师缺乏与外部世界的持续接触，因此他们可能在更新幼儿教育理念和方法方面落后。

4.经济压力

由于乡村地区经济条件相对落后，乡村幼儿教师的工资和福利可能不如城市地区，这可能导致他们无法承担额外的培训费用。

5.技术障碍

尽管现代信息技术为远程教育提供了可能，但乡村地区的网络不稳定、覆盖率不高，设备缺乏或教师自身的技术能力不足，都可能妨碍他们从在线资源中受益。

（二）工作压力与心理健康

乡村幼儿教师往往身兼数职，这使得他们的工作强度很大，面临的心理压力也随之增加。

1.多重职责带来的压力

在乡村幼儿园中，可能缺乏专门的保育员、保健教师等，乡村幼儿家长受教育程度也可能不高，幼儿教师可能需要同时负责管理课堂、组织活动、照顾幼儿、与家长沟通，甚至参与社区活动等工作。多重角色的扮演使得他们的工作时间更长，工作强度更大。

2.资源短缺

乡村幼儿园可能缺乏必要的教学材料和设备，导致乡村幼儿教师必须动用自己的创意和资源来弥补，这无疑增加了他们的心理负担。

3.孤立与缺乏支持

许多乡村幼儿园地理位置偏远，乡村幼儿教师与其他同行物理距离相距较远，缺乏交流和学习的机会，这种孤立感可能导致他们感到孤独和挫败。

4.经济压力

乡村幼儿教师的工资可能比城市幼儿教师的低，他们可能需要承担额外的工作来维持生计，这进一步加重了他们的压力。

5.对未来的担忧

由于乡村地区发展较慢，乡村幼儿教师可能对自己的职业发展、生活条件等持担忧态度，这也会加剧心理压力。

四、发展机会与资源

乡村学前教育需要得到国家和社会各界的持续关注和重视，以获得更多的支持和投入，从而完善乡村幼儿园的基础设施建设，使乡村幼儿教师能够充分享受各种远程和在线培训资源，获得合作与交流的机会，持续促进其专业发展。

（一）远程与在线培训

随着现代技术的快速发展，尤其是网络技术和数字化教育工具的出现，乡村幼儿教师有更多的机会参与高质量的专业培训，而不受地理位置的限制。以下详细介绍远程与在线培训，以期为乡村幼儿教师带来发展机会和资源。

1. 多样化的学习资源

课程内容丰富：乡村幼儿教师可以选择不同的在线课程，从基础的教育理论到先进的教育技术，都可以找到相应的学习资源。

多媒体教学材料：视频、音频、动画、模拟演示等多种形式的教学材料可以使用。

2. 灵活的学习时间和地点

乡村幼儿教师可以根据自己的时间安排选择合适的学习时间，既可以保证工作的正常进行，又可以充分利用碎片时间进行学习。无须长途跋涉到城市或其他地方参加培训，可以在家中或幼儿园轻松学习。

3. 与其他乡村幼儿教师的交流与合作

在线讨论区：乡村幼儿教师可以在讨论区中提问、分享经验、参与讨论，与其他地区的乡村幼儿教师进行交流。

团队合作项目：某些在线课程可能要求教师进行团队合作，这不仅可以培养乡村幼儿教师的团队协作精神，还可以拓宽其视野，了解其他地区的教育实践。

4. 持续的教育支持

大多数在线课程都会提供一些后续的学习材料或资源，如读物推荐、相关的研究报告等，帮助乡村幼儿教师持续深化学习。乡村幼儿教师还可以选择参与某些长期的教育项目或学习社群，如教育研究小组、在线研讨会等。

利用远程与在线培训资源，乡村幼儿教师不仅可以提高自己的专业能力，还可以拓展视野，与更广泛的教育界进行交流与合作，为乡村学前教育带来新的活力。

（二）合作与交流

在当前全球化和信息化的时代背景下，教育交流与合作已经成为一种趋势。尤其对于乡村幼儿教师而言，通过与其他乡村或城市幼儿园的交流与合作，不仅可以获取更多的教育资源和方法，还可以拓宽视野，增强自己的教育信心和动力。以下详述合作与交流带来的机会和益处。

1. 共享教育资源

两地幼儿园可以相互借鉴和分享教学材料、课程设计、教学方法等。城市幼儿园通常具备更丰富的教育资源和设备，乡村幼儿园可以通过合作引入这些优质资源。

2. 教育观摩与研讨

乡村幼儿教师可以定期组织到对方幼儿园进行教育观摩，实地了解并学习对方的教育实践。两地幼儿园还可以联合举办教育研讨会，共同探讨教育难题和创新方法。

3. 长期的合作项目

两地幼儿园可以建立长期的合作伙伴关系，共同开展一些长期的教育项目，如科研合作、课程开发等。长期的合作关系可以确保资源和方法的持续流动，增强两地幼儿园的教育实力和影响力。

4. 外部支持与资金

通过与城市幼儿园的合作，乡村幼儿园可以获得更多的外部支持和资金援助，改善乡村幼儿园的硬件和软件条件。合作还可以吸引更多的社会注意力和关心，为乡村学前教育争取更多的公共资源。

（三）支持与激励

对于乡村幼儿教师而言，合适的支持和激励措施是确保其持续发展和提高教育水平的重要手段。下面详细介绍了几种支持与激励方法。

1. 奖学金与资助计划

设立特别的奖学金或资助，为那些希望进一步学习和提升的乡村幼儿教师提供经济援助。这可以帮助他们参加培训课程、进修学习或获得高等学历。这些奖学金可以是基于需求、表现或特定的项目目标。

2.研究机会

鼓励乡村幼儿教师参与教育研究,尤其是关于乡村学前教育的研究,这不仅可以帮助他们增强自己的专业能力,还可以为乡村学前教育带来新的理念和方法。与大学和研究机构合作,为乡村幼儿教师提供实地研究的机会,如暑期研究项目、短期研究休假等。

3.职业晋升与发展

为乡村幼儿教师提供明确的职业道路和晋升机会,使他们看到自己在学前教育领域的长期发展可能性。设立专门的领导培训项目,为有潜力的教师提供管理和领导能力的培训。

4.专业认证与奖励

推广专业认证制度,鼓励乡村幼儿教师获得专业资格证书,如保育员资格证书等。对于获得特定认证或完成特定项目的乡村幼儿教师,提供额外的奖励或补助。

5.心理和社会支持

组织定期的心理健康讲座和咨询,帮助乡村幼儿教师应对工作中的压力和挑战。建立乡村幼儿教师之间的支持网络,鼓励他们分享经验、交流想法、互相鼓励和帮助。

为乡村幼儿教师提供合适的支持和激励措施是确保乡村学前教育质量和乡村幼儿教师满意度的关键。这需要政府、教育部门、乡村社区和其他相关机构的共同努力和合作。

项目评价

主题	内容	优秀	良好	一般	较差	很差
学习态度	能准时参加所有学习任务,完成工作表单	5	4	3	2	1
专业知识	了解乡村幼儿的特点,乡村幼儿园的现状及未来发展,以及乡村幼儿教师的优势和面临的挑战	5	4	3	2	1

续表

主题	内容	优秀	良好	一般	较差	很差
研讨精神	积极参与讨论,对其他人的发言能提出合理的分析和见解	5	4	3	2	1
团队协作	能很好地融入课堂小组讨论,共同推进学习进程	5	4	3	2	1
沟通交流	能够清晰准确地表达自己的观点,与他人交流时态度、语气恰当	5	4	3	2	1
人文素养	能够顾关注乡村幼儿学前教育的知识,增强服务乡村学前教育的信心	5	4	3	2	1
信息素养	会检索常见的学前教育文献数据库,主动阅读 学前教育专业相关文献	5	4	3	2	1
实践应用	能根据相关理论评析乡村幼儿园现状	5	4	3	2	1
自我小结						

项目小结

本次项目旨在全面了解乡村学前教育,通过三个关键任务展开。任务一阐述了乡村幼儿的特点,分析了他们在生活环境和教育资源方面的独特需求,为制订针对性的教育策略奠定了基础。任务二考察了乡村幼儿园的现状和需求,分析了其在设施、资源、教师队伍和教学方法上的挑战,提出了改进建议。任务三聚焦于乡村幼儿教师的发展,梳理了乡村幼儿教师的发展机会和可利用资源,以提升乡村幼儿教师的专业素质和教学能力。

实践实训

观看乡村幼儿园教学视频,评析乡村学前教育的现状和乡村幼儿教师的专业发展现状。

推荐阅读

[1]左彩霞,张莉.乡村振兴背景下我国农村幼儿教育可持续发展:现实困境、价值选择与实践路径[J].黑龙江教师发展学院学报,2023,42(8).

[2]罗丽萍,罗静.利用民族传统文化开展乡村幼儿生物多样性教育探究——以黔东南州乡村幼儿教育实践为例[J].凯里学院学报,2023,41(3).